橋本　治

JN229671

精読 学問のすゝめ

GS
幻冬舎新書
552

はじめに――『学問のすゝめ』が読まれる時

「なぜ今、福沢諭吉の『学問のすゝめ』なのか？」とお尋ねになりたい方はおいでかもしれませんが、その答は私の中にありません。

昭和が終わってしばらくした頃、ある出版社の社長さんから「『学問のすゝめ』を書いてほしい」と言われました。「本が売れなくなって、人があまり物を考えなくなっているから、〝勉強をしろ〟という本を書いてほしい」というようなことだったと思います。

社長さんの気持は分かりましたが、当時の私には他の仕事をするような余裕がまったくなかったので、「考えておきます」と言ってお茶を濁しました。正直なことを言えば、勉強をするのは必要だと思いますが、子供の時の私は決して「勉強が好きな子」ではなかったので、いきなり正面から『学問のすゝめ』と言ってしまうことに微妙な抵抗があったのです。

それから二十年ほどたって、今度は雑誌の新連載の打ち合わせで幻冬舎の志儀保博さんと相馬裕子さんが揃って現れました。私には「なにをやる」という気もなかったのですが、お二人は「これはどうでしょう？」と言って私に福沢諭吉の『学問のすゝめ』を提示されました。お二人がなぜそれを提示されたのかは知りません。私はその時に以前あったことを思い出して、すぐに「やります」と言ってしまいました。「やるべきものが出て来てしまった」という感じです。

それ以前に私は明治時代の文学に首を突っ込んでいて、明治時代の人間の「分かってぃなさ」加減を肌身で感じていたので、明治時代をその始まりくらいまで遡りたいと思ったのです。もちろん、その時まで私は『学問のすゝめ』になにが書かれているのかを知りませんでした。

『学問のすゝめ』に限らず、私には「価値の定まった有名なもの」が、本当はどんなものなのかを知りたいという衝動があるので、自分が読んでいないものでも平気で向かって行きます。その結果がどんなものかは本文に譲りますが、「なんのために学問をすすめるのか？」ということの答は、私にとって意外なものでした。もっとも、福沢諭吉が『学問のすゝめ』を書き始めた時期を考えれば、そのことは意外でもなんでもなく、『学問のすゝめ』が再び読まれた時期が太平洋戦争に日本が敗れた後だったと聞くと、「なるほど」としか思えません。

手っ取り早く言ってしまえば、『学問のすゝめ』の中で、福沢諭吉は「自分を確立しろ。そして政治と向き合え」と言っているのです。この本の巻末には『学問のすゝめ』の初編だけを再録してあります。それと突き合わせて、私の言っていることが本当かどうかを確認してもらえれば幸いです。

どうやら『学問のすゝめ』は、日本人が新しい政治を必要とするその時に読まれるもののようです。

精読　学問のすゝめ／目次

ＤＴＰ　美創

第一回

明治五年の頃

まだ〝江戸気分〟の明治に出された『学問のすゝめ』

《天は人の上に人を造らず》で有名な、福沢諭吉の『学問のすゝめ』です。私が高校生くらいだった五十年ほど前には、これをもじって「天は人の上に人を載せて人を造る」なんてことを言う人が結構いました。「身分制度」というものがもう遠くなって、『学問のすゝめ』はただの「読んどかなきゃいけない教養書」のようにもなっていたので、本をめくっていきなり「天は人の上に人を造らず」なんて言葉に出喰《でく》わすと、「そんなこと知ってるわい」という気になって、性的な表現に置き換えてしまったのでしょう。

しかし、福沢諭吉が『学問のすゝめ』を書き終えたのは明治四年の十二月で、その初編が出版されたのは明治五年の二月です。『学問のすゝめ』は、一編が文庫本十ページくらいの短いもので、それが書き継がれて明治九年の十一月に出版された十七編で終わります。

明治九年というのは、政府が廃刀令を出して、「かつての武士階級の人間達が刀を差すのは禁止」として、武器を取り上げてしまった年で、西日本では神風連《しんぷうれん》の乱、秋月の乱、萩の乱というのが起こり、翌年には西郷隆盛が兵を挙げる西南戦争が起こります。明治政府とうまくいかないかつての武士達が反乱を起こす騒々しい時期で、つまりは、日本国内

『学問のすゝめ』初版本

明治四年十二月記　明治五（一八七二）年刊
18・0×11・5㎝　（左）表紙　（下）本文1頁
（玉川大学教育博物館所蔵）

本文の1ページ目の冒頭に、有名な「天ハ人の上に人を造らず…」が出てくる。『学問のすゝめ』は一編が10枚ほどの短い小冊子で、この初編からスタートし、明治9年11月に出た十七編で終わる。初編の初版本は印刷部数が少なかったので、非常にレアな稀覯《きこう》本。

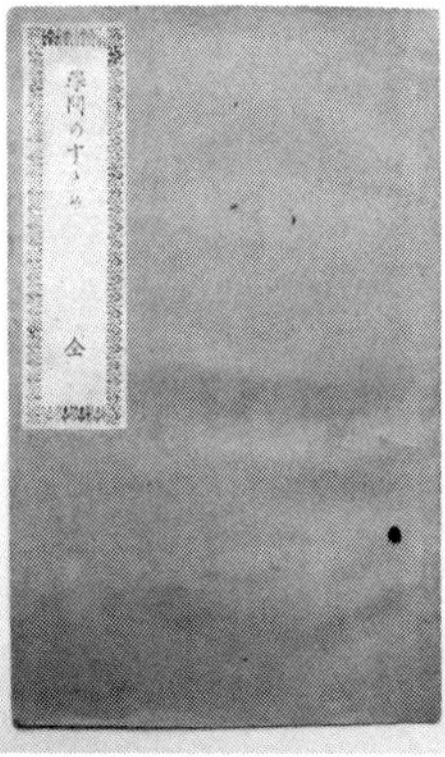

學問のすゝめ

福澤諭吉
小幡篤次郎　同著

一天ハ人の上に人を造らず人の下に人を造らずと云
へりされバ天より人を生ずるにハ萬人ハ萬人皆同
じ位にして生れながら貴賤上下の差別なく萬物の
靈たる身と心との働を以て天地の間にあるよろづ

一

がまだしっかりと固まってはいないのです。大日本帝国憲法が発布されるのが明治二十二年で、帝国議会が開設されて第一回衆議院の選挙が行われるのがその翌年ですから、四十五年まである明治の半分近くが、国家としての体《てい》をなしていないと言ってもいいようなものです。『学問のすゝめ』の初編が刊行された明治五年なんかは、「ついこないだまで江戸時代」と言うべき時期なのです。

「もう丁髷《ちょんまげ》を結わなくてもいいよ」というお触れが出たのは明治四年の八月です。「散切《ざんぎ》り頭を叩《たた》いてみれば文明開化の音がする」とやがては言われたりもしますが、丁髷を切って「散切り頭」になる人がやっと出て来たのが、福沢諭吉が最初の『学問のすゝめ』を書き終えるわずか四カ月前です。おまけにこの頃はまだ旧暦の太陰暦で、現在と同じような太陽暦を使うようになるのは、明治五年の十二月になってからです。そういう時代だから、「天は人の上に人を造らず」という言葉がまず出て来るのでしょう。

明治維新というと、「文明開化」と並んで条件反射的に出て来る言葉が「四民平等」ですが、明治政府がある時期に「これからは士農工商の身分制度を廃して四民平等だ」と言ったわけではありません。廃藩置県が行われるのは明治四年の七月で、明治政府というものは出来ても、廃藩置県前の地方行政組織は江戸時代以来の○○藩が担当していますから、まだ「おサムライ様」は生きていたのです。

江戸時代式の身分制度は徐々に崩れて来てはいるけれど、でもまだ長い間続いた「身分制度」という考え方は日本人の頭に残っている。それで、**《天は人の上に人を造らず》**が始まるのですね。

江戸時代の出版は、年の初めに新刊本を出すということになっていたので、明治四年の十二月に書き終えて翌五年の二月に刊行された『学問のすゝめ』の初編も、その江戸時代的な習慣に従っているはずです。

出だしにある有名な「天」とはなにか

《天は人の上に人を造らず》は、まだ一つの文章の半分で、その後に**《人の下に人を造らずと言えり。》**と続いて一つの文章になります。

《言えり》の**《り》**は完了の助動詞で、「誰かが言った」ということですから、福沢諭吉オリジナルの発言ではなく、どこかにあったものを持って来たもので、その典拠は「All men are created equal（すべての人間は平等に創られている）」という、アメリカ合衆国の独立宣言だろうと言われています。

このことに異論を唱えようという気は私にありませんが、しかし「こないだまで江戸時代」である明治五年の初めに出版された、薄っぺらな小冊子でしかない『学問のすゝめ』の初編は、二十万部を超すベストセラーです。もちろん現代とは違って、「一瞬にして二十万部」ではありませんが。福沢諭吉の頭の中にアメリカの独立宣言が入っていたとして、それがそのまま当時の日本人に受け入れられるのかな、という気がします。福沢諭吉は文章家で、人を納得させるこなれた文章を書く人です。だから、**《天は人の上に人を造らず人の下に人を造らず。》**の一文には、アメリカの独立宣言とは違う、日本人にとって馴染《なじ》みのある言葉が隠されているんじゃないのかなと思います。

それは、お釈迦様が生まれた時に言ったとされる言葉——「天上天下《てんじょうてんげ》唯我《ゆいが》独尊《どくそん》」です。

お釈迦様は、生まれるとすぐに立って歩き出し、片手を上げて天を指し、もう片方の手は地を指して、「天上天下唯我独尊」と言ったのだと伝えられています。今となっては、「そんなことを知っているのは年寄りだけだ」くらいのものかもしれませんが、檀家《だんか》制度を確立させた江戸時代は、お寺が人の生死を記録する役場の働きもしていたので、お釈迦様の誕生にまつわる話は多くの人が知っていただろうなと思われるのです。

ただ、明治時代になると廃仏毀釈《はいぶつきしゃく》という反仏教運動が起こります。それまでの日本では神仏混淆《しんぶつこんこう》という形で、神道と仏教が一体化しているところが多かったので、これを分離して、「僧侶が神社で働いてはならない、神社で仏像をご神体にしてはならない」というような命令を出したのです。

自分でも「こんなこと書いたってよく分かんないだろうな」とは思いますが、日本人が当たり前に考える神仏混淆性は、大晦日から正月にかけてはっきりします。つまり、初詣にはどこへ行くかです。自分の行く先が神社なのか、寺なのか、よく分かってますか？

除夜の鐘をつくのはお寺で、神社ではありません。初詣のついでに人が買って帰る破魔《はま》矢《や》は、神社で売るもので、本来お寺で売るようなものではありません。おみくじは神社でもお寺でも引けますが、だからと言って、お寺と神社は同じではありません。「お大師《だいし》様」というのは、お寺ですね。「お稲荷《いなり》さん」は神社です。言われて「あ、そうなんだ」と思うくらい、日本人にはお寺と神社の区別がつきません。

その当たり前さが日本人にとっての神仏混淆で、それをどうして明治政府が「だめだ」と言って「神仏分離」を命令したのかというと、明治政府の頂点に立つ天皇が、宗教的には神道を前提にした人だからですね。

江戸時代に天皇は京都の御所にいて、京都以外の土地の人間は、天皇のことをよく知りません。『学問のすゝめ』の最後の十七編が出版された明治九年には、明治天皇の東北地方巡幸《じゅんこう》ということが行われています。天皇のことをよく知らない人間が多いから、天皇の顔見世のパレードをしたのです。

「いるのは知ってるような気がするけど、なにをしているのか分からない」と言われていた天皇が政治の中心になるのが明治時代ですから、まずその天皇の権威を確立しなければなりません。だから、「天皇は神道のその頂点に立つものである」ということをはっきりさせて、「神道は仏教の上なんだぞ」と訴えるために、神社の中に入り込んでいた仏教的要素を「取り除け」と言ったのです。

明治政府は別に、「寺をぶっつぶせ、仏像を叩き壊せ」という命令を出したわけじゃありません。ともすれば、仏教に比べてマイナーになりがちだった神社と神道の地位をアップさせようとしただけです。ところが、「神社から仏教的要素を除け」という命令が出ると、あるところにはあった寺への不満が噴出して、「威張ってんじゃねーぞ！」で、うっかりすれば暴動になりかねない「寺をぶっつぶせ」の廃仏毀釈騒動が起こってしまうのです。

明治政府が「神仏分離」に関する命令を出したのは、明治元年となる年の三月です。微妙なことを言っていますが、年号が「明治」になるのはその年の九月ですから、正確にはまだ「明治」になっていません。天皇はまだ京都にいて、江戸はまだ「東京」とならずに「江戸」のままで、最後の将軍徳川慶喜《よしのぶ》は、江戸城を出てはいましたがまだ江戸に住んでいました。「明治政府が命令を出した」と言っても、京都にいる天皇を中心とする政府が、ちゃんとした「政府」になっていたかどうかは分かりません。そういう「もう少ししたら明治が始まる」という段階だったからこそ、まず「神道の頂点に立つ天皇の力」をアピールするための「神仏分離」の作業が必要だったのでしょう。

しかし、「神仏分離」の命令が出されても、その日本はまだ廃藩置県の前で、各藩が独自にそれぞれの統治を実施しています。だから、「神仏分離」が伝言ゲームのように伝えられて廃仏毀釈になった動きも、起こるところでは「寺なんかぶっつぶせ！」の暴動騒ぎにまで進んだのです。

でも明治四年には廃藩置県で、中央に統一政府がやっと登場します。そうなって問題になるのは、廃仏毀釈です。うっかり放置して全国的な暴動に発展したら大変です。やがて不平士族の乱が起こるような日本で、明治政府の政権は不安定です。天皇の権威を高めるための神道の国教化はもう着々と進められていて、「だったらもういいか」で、

『学問のすゝめ』の初編が刊行される頃には、「廃仏毀釈はやめなさい。政府はそんなこと言ってないんだから」状態になってしまうのです。

「天上天下唯我独尊」の話をしようとして、ちょっとばかり脱線をしたかもしれません。

お釈迦様の「天上天下唯我独尊」の意味から考える

今となって、お釈迦様が誕生の際に言ったとされる言葉は、あまりいいようには解釈されていないかもしれません。「唯我独尊」という部分が、「自分一人がえらくて人の言うことなんか聞かない」であるように解釈されてしまっているからです。

この「唯我独尊」に、「世の中で」とか「人の世で」という限定が付いているのなら、これは人の言うことを聞かないヤな奴《やつ》でしょうが、お釈迦様の「唯我独尊」には、「天上天下」が付いています。「天下」は「人の世界」ですが、「天上」は「神様の世界」です。つまり、「天上天下唯我独尊」は、「神様の世界も人の世界も含めて、我だけが尊い」で、これを言うお釈迦様は「神様より上」なのです。

仏教によれば、「神」というのは地域の土俗信仰の神で、人を庇護《ひご》したり祟《たた》ったりします。でも仏教は「そういう神に振り回されるな」という考えを持った哲学なのです。仏教で重要なのは「仏法」――つまり「仏の教える論理」で、「神さえもこれには納得して従う」という点で、「仏法」とそれを説いたお釈迦様は尊くて、神様よりも上なのです。

だから、インドの辺りにいっぱいいいた仏教以前の古い神様達は、仏教の中に取り込まれて「仏法の守護者」というものになってしまいます。十二神将《しんしょう》という仏像がありますが、あれは仏法を守るようになったインドの古い神様だから「神将」で、仏教が神様をそのように位置付けてしまったからこそ、日本にやって来た仏教は「神仏混淆」という形になり、大きなお寺のそばに「寺を守る神社」というものが造られたりもしたのです。

お釈迦様は、「神様の世界も人の世界も含めて、我だけが尊い」と言います。お釈迦様は、インドの釈迦族の王子ですから、「人の世で私が一番えらい」的な発言をしてもいいようなものですが、重要なのは、「お釈迦様が一番えらい」ということではありません。生まれるとすぐに「天上天下唯我独尊」と言ったお釈迦様が、やがてそのことを人に説くようになることが重要なのです。

つまり、「天上天下唯我独尊」の「我」は、お釈迦様ただ一人ではなく、「誰でも」だということです。

お釈迦様が生まれたのは、イエス・キリストよりもずっと古い紀元前で、その段階で仏教は、「人は何物にも縛られず、ただ尊い」という教えを内包《ないほう》しています。だからと言って、仏教徒が「私は〝天上天下唯我独尊〟の〝我〟なのだ」と思っていたとは考えられません。人の世である「天下」には身分の上下というものがあって、その中で「そんなものに縛られず〝私こそが尊い〟と言えるのはお釈迦様だけなんだ」と思って、お釈迦様の前で手を合わせていたのが、それ以前の江戸時代までの段階でしょう。

「〝私〟という存在は、何物にも縛られずに尊い」という理解は、『学問のすゝめ』が登場するまでは眠っていたも同然でしょう。「天上天下唯我独尊」という言葉を知っていながら、「お釈迦様はそう言ったんだ」だけでその理解を眠らせていた日本人に対して、**《天は人の上に人を造らず人の下に人を造らずと言えり。》**と言ったのが、福沢諭吉なのです。

キリスト教の「神」と日本の「神」との違い

アメリカ合衆国独立宣言の「All men are created equal」は受動態で、「すべての人間を平等に創った」のが誰かは書かれていませんが、これは当然のこととしてキリスト教の神です。だったら「神はすべての人間を平等に創った」と言えばいいはずですが、明治四年や五年の段階で、そうはいきません。

江戸時代に禁止されて邪宗門《じゃしゅうもん》となっていたキリスト教は、明治になってもまだ「禁じられた宗教」でした。この禁令が解けてキリスト教に信仰の自由が訪れたのは明治六年の二月になってからで、明治五年の段階で「キリスト教の神はすべての人間を平等に創った」とか「すべての人間はキリスト教の神によって平等に創られている」などということを書いたら、警察に連れて行かれて、「私はキリスト教の信者なんかではない」ということを説明しなければ、牢屋《ろうや》に入れられてしまいます。

だったら、わざわざ「キリスト教の神は」などと言わず、「神はすべての人間を平等に創った」でいいじゃないかと思われるかもしれませんが、しかしそうなるとこの「神」は日本の神様になって、日本の神様は残念ながら、「人間を創る」なんていうことをしないのです。

日本の創世神話は、イザナギ、イザナミの男女の神が国土を産むところから始まって、さまざまな神を産んだ後で女性神のイザナミは死に、その後に男性神イザナギの体からアマテラス、ツクヨミ、スサノオの三神が生まれるところで一段落します。

アマテラスは天皇の祖先神となって、その孫が高天原から地上に降りて来るわけですが、降りて来たそこには、もう人間がいます。日本の神様は「人間を創る」などということをしないで、支配者の祖先だけを創って、人間というものは「気がついたらいつの間にかいた」というようなものです。それまでの日本人は「人間は神によって創造されることもある」なんてことを、考えたことがないはずですから、そこで「神は人間を創った」なんて言っても、「なんのことやら?」にしかならないはずです。

だから、福沢諭吉は「人間が平等である」ということの起源に「神」を持ち出せません。代わりに「天」という概念を持ち出して、**《天は人の上に人を造らず人の下に人を造らずと言えり。》**として、「あなたは知らないかもしれないが、そのようにはっきりと言われて広く理解されているところもあるのだよ」と示しているのです。

「天」という概念を持ち出した福沢諭吉は、この件に関しての余分な説明はしません。「天」というのは中国由来の概念で、「神様達のいるようなところ」であり、だからほぼ「神」とはイコールのようにも考えられるけれど、神様のように人格化されたものではありません。昔の人は「お天道様《てんと》」と太陽のことを言いました。でも「天道」は「天の道」です。「道」に「様」が付いて「太陽のこと」になるのはなんだかへんですが、「天」が「神様達のいるところ」で「神様とほぼイコール」というようなふわふわしたものだと考えれば、納得がいくかもしれません。

大体、「天」は神様と違って、人間世界にあまり介入をしません。ただ「人間の上」に存在して、どうやら人のすることを見ているらしいです。それだけで、「人間を創る」なんてことをしません。だから、**《天は人の上に人を造らず》**なんてことを言っても、「〝天が人を造る〟とはなんのこったい？」というような反発を招いてしまいます。

福沢諭吉はそんなことを知っていたはずですが、でも**《天は人の上に人を造らず人の下に人を造らずと言えり。》**と平然と言ってしまって、それだけです。

「天」がなんなのかという以前に、日本人は「天上天下唯我独尊」という言葉を知っています。その「我」が自分自身と重なりうるものなのかどうかなんてことは分からなかったはずの日本人が、福沢諭吉の**《天は人の上に――》**の一行で、なにかを悟ったのです。

それを確信していたのかどうかは分かりませんが、とにかく福沢諭吉は明治五年の日本人には分かりにくいはずの「人間は平等に創られている」ということを、**《天は人の上に人を造らず人の下に人を造らずと言えり。》**の一言であっさりと断言してしまうのです。

「自由と平等」なんて初耳。だから諭吉は…

《天は人の上に人を造らず人の下に人を造らずと言えり。》です。その後に「つまり、それはこういうことだ」というのが、**《されば――趣意《しゅい》なり。》**という形で続きます。

《されば天より人を生ずるには、万人は万人皆同じ位にして、生れながら貴賤《きせん》上下の差別なく、万物の霊たる身と心との働きをもって天地の間にあるよろずの物を資《と》り、もって衣食住の用を達《た》し、自由自在、互いに人の妨《さまた》げをなさずして各々《おのおの》安楽にこの世を渡らしめ給うの趣意なり。》

「人は平等に生まれて来る」と言ってしまえばいいようなものですが、福沢諭吉は「人は天によって造られた」ということを前提にしていますから、人のあり方はあくまでも「受動態」で、その人を動かすのは「主君」でも「将軍」でも「天皇」でも「神」でもない、「天」です。だから、**《天より人を生ずるには》**で、**《天より人を生ずる》**とは、「人の由来は天にある」と言っているのだと思えばいいでしょう。

なにしろ、「人は自由で平等だ」なんていうことは、ほとんどの日本人にとって初耳です。「人は自由だ、平等だ」と言ったって、「誰がそんなことを言った？　誰がそんなことを許した？」ということになりかねません。だから、「天が許してるんですよ」になって、**《天より人を生ずるには》**です。**《には》**の二文字は「だから」の意味だと思えばいいでしょう。

天が保証しているから、《**万人は万人皆同じ位にして、生れながら貴賤上下の差別なく**》です。日本人は、まだ「天の保証」抜きに独力で「平等」を獲得出来てはいないのです。そういう人間が《**天地の間にあるよろずの物を資り、もって衣食住の用を達し、自由自在、互いに人の妨げをなさずして各々安楽にこの世を**》渡っているわけではありません。《**この世を渡らしめ**》の《**しめ**》は使役の助動詞で、この後に《**給う**》の敬語が付いています。日本人は、敬語を付けなければいけない「天」によって、自由に生きて行けるようにさせられているのです。あり方としては、「親に自由を許されている子供」と同じです。

そういう日本人には、まだ尊ばれてしかるべき「人間の実質」が希薄ですから、《**万物の霊たる身と心との働きをもって**》という、宗教的なニュアンスを持った「資格」が与えられます。でも、それは人間とその社会の「本来あってしかるべき姿」で、明治五年の現在ではまだそうなってはいません。だからこそ、「でもね――」で話は続きます。

《**されども今広くこの人間世界を見渡すに、かしこき人あり、おろかなる人あり、貧しきもあり、富めるもあり、貴人もあり、下人《げにん》もありて、その有様《ありさま》雲と泥との相違あるに似たるは何《なん》ぞや。**》です。

この後に「何ぞや？」に対する答があって、『学問のすゝめ』を書く福沢諭吉の考え方が明らかになります。**《その次第《しだい》（＝理由）甚《はなは》だ明らかなり。》**と言って、**《実語教《じつごきょう》に、人学ばざれば智なし、智なき者は愚人なりとあり。されば賢人と愚人との別は、学ぶと学ばざるとに由《よ》って出来《いでく》るものなり。》**と続けます。

《実語教》というのは、儒教のテキストから子供向きにいくつかのフレーズを抜き出して作られた道徳の教科書で、江戸時代の寺子屋で使われていました。つまり「〝勉強しなければバカだ〟は子供でも知っている」です。

学問をすれば、**《かしこき人》**と**《おろかなる人》**の隔たりは埋められるでしょう。しかし、学問をして「貧富の差」や「貴人と下人の間の雲泥の差」のような隔たりは埋められるでしょうか？「埋められる」なんて言ったら、「お前は現実を知ってるのか！」などと罵倒されてしまうでしょう。でも福沢諭吉は「出来る」と言うのです。

とにかく、「学問をすればなんでも出来る！」

《世の中にむつかしき仕事もあり、やすき仕事もあり。そのむつかしき仕事をする者を身分重き人と名づけ、やすき仕事をする者を身分軽き人という。すべて心を用い心配する仕事はむつかしくして、手足を用いる力役《りきえき》はやすし。故《ゆえ》に、医者、学者、政府の役人、また

は大《おお》なる商売をする町人、夥多《あまた》の奉公人《ほうこうにん》を召使う大百姓などは、身分重くして貴き者というべし。身分重くして貴ければ自《おの》ずからその家も富んで、下々《しもじも》の者より見れば及ぶべからざるようなれども、その本《もと》を尋ぬればただその人に学問の力あるとなきとに由《よ》ってその相違も出来《いでき》たるのみにて、天より定めたる約束にあらず。諺《ことわざ》に云《いわ》く、天は富貴《ふうき》を人に与えずしてこれをその人の働きに与うるものなりと。されば前《ぜん》にも言える通り、人は生れながらにして貴賤貧富の別なし。ただ学問を勤《つと》めて物事をよく知る者は貴人となり富人となり、無学なる者は貧人となり下人となるなり。》

この福沢諭吉の言うことは、少しへんですね。最後の方にある《**ただ学問を勤めて物事をよく知る者は貴人となり富人となり**》という「学問万能主義」的な考え方は、後の「学歴万能主義」のルーツにもなってしまいます。もちろん、後になると学歴を求めて人が殺到するようにもなる「大学」は、明治五年の段階で日本には存在しませんが。

『学問のすゝめ』は、福沢諭吉が創設した慶應義塾の印刷所で刷られていますが、この慶應義塾はまだ大学ではありません。数えで二十五歳の福沢諭吉が明治維新の十年前に、彼の所属していた大分の中津藩主の命によって開いた蘭学塾《らんがくじゅく》がベースになっていて、これが改元前でまだ年号が「慶應」だった頃の明治元年に慶應義塾となります。「学校」ではありますが、福沢諭吉の「私塾」です。
「蘭学」というのは、西洋諸国の中で江戸時代に唯一国交のあったオランダの言葉を学び、オランダ語によって新しい知識を得る学問ですが、開国した後に新しく開かれた横浜の港に行って、「もう蘭学の時代じゃない」と思った福沢諭吉は英語を学んで「英学」に切り換えてしまったので、慶應義塾は蘭学塾ではありません。

ちなみに、日本で最初の「学校」となり「大学」となる東京大学は、徳川幕府が西洋の書物を研究するために作った蕃書調所《ばんしょしらべしょ》、洋書調所がルーツで、これが福沢諭吉が蘭学塾を開いた五年後に「開成所《かいせいじょ》」と名を改められ、更に明治元年になると明治維新政府に所管が移されて「東京開成学校」となります。「蕃書」の「蕃」は、文明の届かない地域のことで、日本から見た西洋は「蕃」だったのです。明治十年になると東京開成学校は、やはり徳川幕府の創設をルーツとする東京医学校と合併して「東京大学」になります。東京大学が日本で唯一の帝国大学となるのは、その更に九年後です。つまり、慶應義塾は東大より早いのです。

明治五年の段階で学問をする場所として存在するのは、「学歴」を提供しない私塾ばかりですから、福沢諭吉もためらうことなく、アントニオ猪木ばりに「学問をすればなんでも出来る！」と言ったのでしょう。しかし、それ以前の前提からすれば、学問で出世が出来る（かもしれない）のは、武士の社会だけです。

福沢諭吉が《身分重くして貴き者》とする《大なる商売をする町人》の成功のバックにあったのは、学問ではありません。諺通り、《人の働きに与うるもの》で、町人は学問によってではなく、努力によって《大なる商売》を可能とするのです。だから当然、《夥多の奉公人を召使う大百姓》だって、学問によってその地位を築けたのではありません。先祖以来の田畑の広さがあればこその《大百姓》です。

《天は人の上に人を造らず人の下に人を造らずと言えり。》ではあるわけですが、福沢諭吉がそれを言う以前は、《人は生れながらにして貴賤貧富の別》があったのです。「先祖伝来の田畑」と同じように存在する《貴賤貧富の別》が、学問をしただけで簡単になくなるとは思えません。しかし福沢諭吉は、そういう諸事情を無視して「学問の力」を信じるのです。

世の中にある《貴賤貧富の別》をなくすのなら、「なぜそれが生まれてしまったのか」という、歴史的、社会的背景を探るべきです。でも、福沢諭吉はそのような方向に進みません。まず「学問」です。

「学問をすればこういういいことがあるよ」と誇大なことを言って、人を学問の方向へと向かわせます。福沢諭吉にとってまず重要なことは、「あなたが学問をして世の中を動かす」ということで、「そうしなければ、いくら明治の新しい世の中が来たってなんの意味もない」なのです。だからこその「学問のすゝめ」です。

第二回 学問とはなんだ

江戸時代までの「学問」と、ここが違う

「学問をすればなんでも出来る！」的なことをまず言ってしまった福沢諭吉ですが、それを言った後に続くのは、「学問とはなんだ」という話です。福沢諭吉はこう言います——。

《学問とは、ただむつかしき字を知り、解《げ》し難《がた》き古文を読み、和歌を楽しみ、詩を作るなど、世上に実《じつ》のなき文学を言うにあらず。》

「学問とは、こういうものじゃありませんよ」です。福沢諭吉が『学問のすゝめ』の初編を書き上げた明治四年末、あるいは刊行の明治五年の初めに「学問」と言われたら、多くの日本人が思うのは、まず「文字の学問」でした。だから**《学問とは》**と言った後に、まず**《むつかしき字を知り》**が出て来ます。

《むつかしき字》とは、言うまでもなく漢字です。日本で「学問」と言えば、飛鳥、奈良時代の昔から「漢文の読み書き」でしたから、そのためにはまず**《むつかしき字を知り》**が必要です。漢文ともう一つ、江戸時代の中期になると国学というものが誕生しますから、**《解し難き古文》**である日本の古典も読めなければなりません。日本語の古典が**《解し難き》**というのはちょっと意外ですが、古くから日本の学問の主流は漢文なので、漢文は読

めても日本語で書かれた古典は、その言葉の一々の意味が分からなかったりしていた――それで国学という日本の古典を研究する学問が生まれたわけですから、中国語であるような漢文よりも、「古い日本語の文章」の方が《解し難き》になってしまうわけですね。

国学というのは、徳川幕府を倒した勤皇《きんのう》の志士達の思想的なバックボーンになっていたりもしますが、国学の中心的存在であった本居宣長《もとおりのりなが》の研究対象だった『源氏物語』や『古事記』に関する教養を、勤皇の志士と言われる人達がどれほど持ち合わせていたかは分かりません。

なぜ江戸時代の中頃に国学が生まれて一つの流れを作ったのかと言えば、その頃の武士達が「和歌を詠む」ということを嗜《たしな》みの一つにしていたからです。『万葉集』の昔から、「和歌を詠む」というのは、中国由来の漢文的教養とは別のところにあって、「漢文が分かる」というのと「和歌が詠める」というのはまったく別物でした。どっちかしか出来ない人もいたし、両方得意なバイリンガルの人もいましたが、日本の古典は、和歌を詠むために必要だから学ぶということもあったのです。だから福沢諭吉は《和歌を楽しみ》と言うのですが、「和歌を詠む」ということは、江戸時代そして明治時代になっても、ある人達にとってはエンターテインメントとして存在していました。

江戸時代に和歌の教養は武士達だけのものではなくて、町人も持っていましたが、江戸時代という平和な時代は真面目くさっているものを平気で笑ってしまう時代ですから、和歌もまたそっち方面へ傾いて、狂歌というジャンルを作って発達します。

狂歌というのは「笑える滑稽《こっけい》な和歌」と考えられたりもしますが、「格調高いもの」として続いて来たものを、江戸の町人文化の現実まで引き下ろしてしまった「江戸時代の和歌」と考えた方がいいようです。だから、そこには「ふざけた和歌」もあるし、「存外まともな和歌」もあります。

ふざけるのなら、武士よりも町人が得意で、だからこそ町人的な狂歌のパーティの中に武士も入って来ますが、和歌が狂歌になるのなら、漢詩だって「狂詩」というジャンルを作ります。和歌が得意な町人でも、漢文的な教養はちょっとハードルが高いので、狂詩の方の作者は武士が中心になりますが、狂歌が気楽なエンタメ性を強くするのに対して、武士の作る狂詩には作者のイラつきが感じられて、江戸時代に於《お》ける「することのない武士の精神状態」も垣間見られます。

だからかもしれません。**《和歌を楽しみ》**と言う福沢諭吉は、これに対して**《詩を作る》**と言っています。漢詩というのは、いつの間にか思想性が強くなって、「己《おの》が志《こころざし》を陳《の》ぶ」というようなものにもなっています。やはり、学問として漢字を学んでしまったせいでしょう。ここで福沢諭吉の言う**《詩》**はもちろん漢詩のことで、今私達が普通に「詩」と思うもののルーツである新体詩《しんたいし》は、『学問のすゝめ』の初編が刊行された十年後にならなければ、日本に登場しません。

「詩」と言えば漢詩であるところに、漢字とひらがなを交えた新しいスタイルの詩を考え出したから新体詩で、明治十五年になって外山正一《とやままさかず》、矢田部良吉《やたべりょうきち》といった人達によって編集された『新体詩抄』という本が出版され、その七年後に北村透谷《きたむらとうこく》による『楚囚之詩《そしゅうのし》』、森鷗外達による訳詩集の『於母影《おもかげ》』が登場します。ついでに、言文一致体の小説である二葉亭四迷の『浮雲』が登場したのはその二年前の明治二十年ですから、明治五年に**《学問とは、ただむつかしき字を知り――》**と言ってしまえる福沢諭吉の先進性には驚くべきものがあります。

普通、そんなことは不思議とは思われないかもしれませんが、『学問のすゝめ』が「漢字とひらがな」で書かれているのは、すごいことです。

それまでのアカデミックの頂点は「漢文」だった

日本の学問の本道は漢文で、ひらがなの文体と漢字の文体は別物です。ひらがなで漢詩は書けませんし、和歌には漢語－漢字の熟語を使ってはいけないという常識もありました。今では「漢字とひらがなが同居する文章」というのは当たり前ですが、鎌倉時代以後に和《わ》漢混淆文《かんこんこうぶん》というものが生まれてから当たり前になっただけで、漢字と同居するものは、ひらがなではなくカタカナであるというのが本来でした。

カタカナは、漢字だらけの漢文を読むために日本人が発明した補助的な文字で、本来は漢字だけの漢文で書かれるようなものを、読みやすくかなの文字を交えて書くのなら、カタカナを使うというのがルールになっていました。「漢字＋ひらがな」の和漢混淆文が日本語の主流になってしまうと、「漢字＋カタカナ」の文章はマイナーの存在になってしまいますが、江戸時代になって西洋の学問を研究する洋学というのが登場して来ると、これが復活して来ます。カタカナというのは、異国の言葉と共にあるようなもので、だから今でも外国語をかなで表記する時にはカタカナを使うのです。

明治という時代は、「外国のことを学ばなければならない」という思いが強い時代で、英語やドイツ語、フランス語の概念が翻訳されて日本語になりますが、その訳語はほとんどが漢字の熟語です。福沢諭吉の言う**《世上に実のなき文学》**の**《文学》**だって、英語の「literature」の訳語で、こんな訳語が出来上がる前の日本には「文学」などという概念はなかったのです。

西洋のものを取り入れなければならない明治時代は、やたらと翻訳が多く、西洋の概念がやたらと漢字の熟語に置き換えられた結果、その時代の文章はやたらと漢字の多い漢文口調のものになってしまいました。

そもそも、「アカデミックなものなら漢文が本来だ」という常識もあります。政府に意見を提出するために書かれる建白書《けんぱくしょ》というものの文体も「漢字＋カタカナ」で、ひらがなよりもカタカナの方が、公式的にはランクが上です。だから、改正されて今もまだ使われている明治時代製の民法や刑法は戦後もずっと「漢字＋カタカナ」でしたし、明治五年に始まる学校制度で使われる小学校一年生の国語の教科書も「サイタ、サイタ、サクラガサイタ」というようなカタカナ文体なのです。小学生が学校で初めて習う国語の文体がカタカナからひらがなへと変わったのは、第二次世界大戦後のことです。

そういう明治時代の初めに——まだ言文一致体の文章というものさえ確立されていない時代に、「私には広く訴えたいことがある」というような質の文章は「漢字＋カタカナ」

で書かれるべきものなのです。ところが、『学問のすゝめ』は、「漢字＋ひらがな」の文章なのです。

もしも福沢諭吉が、「この本はあなた達が読むに価するちゃんとした著作なのだから、ありがたく読みなさい」という上から目線で『学問のすゝめ』を書いていたら、この本のタイトルは『学問ノスヽメ』になって、本を開けば「天ハ人ノ上ニ人ヲ造ラズ人ノ下ニ人ヲ造ラズト言エリ」になっていたでしょう。しかしそうなっていないのは、福沢諭吉が「普通の日本語の文章が読める人間が、特別な態度を取らず、普通のままに読んで行けるように」と考えたからだと、私には思えるのです。

これからは「実学」だ

明治五年までの「普通の日本語の文章が読める日本人」にとって、学問とは**《むつかしき字を知り、解し難き古文を読み、和歌を楽しみ、詩を作る》**ことでした。しかし福沢諭吉は、これを**《実のなき文学》**と言ってしまいます。この**《文学》**は、おそらく「文字の学」あるいは「文の学」でしょう。そして、そうは言っても福沢諭吉はガチガチの堅物《かたぶつ》ではないので、**《これらの文学も自《おの》ずから人の心を悦《よろこ》ばしめ随分調法《ずいぶんちょうほう》なるものなれども》**と、ある程度は認めます。でも、それも「ある程度」なので、すぐに皮肉になります。**《古来世間の儒者和学者などの申すよう、さまであがめ貴《とうと》むべきものにあらず。》**です。**《儒者》**は**《むつかしき字を知り》**方面の学者で、漢学者とも言います。それと並ぶ**《和学者》**は**《解し難き古文を読み》**方面の国学者です。「今までの〝学問〟とされるものにある程度の意味はあるが、当事者である専門家達の言うほどのものはない」と言って、再び「学問をすればなんでも出来る！　学問をすればこんなにお得！」という、福沢諭吉の実利的なトーンが復活します。「昔から、生活状態がうまく行っている漢学者は少ない」とか、「和歌が上手で商売がうまく行っている町人なんかほとんどいない」とか——。

《古来漢学者に世帯持の上手《じようず》なる者も少なく、和歌をよくして商売に巧者なる町人も稀《まれ》なり。これがため心ある町人百姓は、その子の学問に出精《しゆつしよう》するを見て、やがて身代《しんだい》を持ち崩すならんとて親心に心配する者あり。無理ならぬことなり。畢竟《ひつきよう》その学問の実に遠くして日用の間に合わぬ証拠なり。されば今かかる実なき学問は先《ま》ず次にし、専《もつぱ》ら勤《いそし》むべきは人間普通日用に近き実学なり。》

「大学の先生やってるけど、給料が安くてさ」とか、「いい年して会社辞めて、大学に入り直すなんて、あんた生活どうするつもり？」というような人達は、江戸時代にもいたということですが、「〝学問〟に熱心になって、家の身代（財産）を遣い果たすようになってしまうのは、その〝学問〟に実際性が乏しく、日用の役に立たないからだ」と福沢諭吉は言って、「今まず向かうべき学問は、普通の人間生活の役に立つ実学だ」と、「学問＝実学」への道を説きます。

福沢諭吉が『学問のすゝめ』の中ですすめる「学問」は、この「実学」のことなのですが、**《人間普通日用に近き実学》**というのは、どういうものを指すのでしょう？ 福沢諭吉が『学問のすゝめ』初編を刊行する時に「読者」として想定した人達にとっての「実学」というのは、**《譬《たと》えば、いろは四十七文字を習い、手紙の文言《もんごん》、帳合《ちょうあい》の仕方、算盤《そろばん》の稽古、天秤《てんびん》の取扱い等を心得》**で、その先に**《なおまた進んで学ぶべき箇条は甚《はなは》だ多し。》**です。

「高級な学問よりは、日常生活の知恵」なのですが、「これが必要です」と福沢諭吉が言う「実学」は、ほとんど商人が必要とする常識です。「ひらがなの読み書きが出来れば、漢字をマスターする必要なんかない」と言っているように思えます。その先に**《進んで学ぶべき箇条は甚だ多し》**と言っているのに、漢字を知らなくても大丈夫なのでしょうか？

《帳合の仕方》とは、「帳簿の付け方」で「帳簿の見方」です。**《算盤の稽古》**の必要とは、

「計算が出来るようになれ」で、**《天秤の取扱い》**とは「秤《はかり》の使い方」です。

私の子供の頃、廃品回収をする業者を屑《くず》屋さんと言いました。軽トラックではなくリヤカーを引いて、「くず屋ァ、お払い！」と言いながら住宅街を歩き、古新聞や鉄屑を買って行くのです。「ちり紙交換」という習慣がないので、古紙を買って行くのです。

「お願いします！」と呼ばれた屑屋さんは、紐で束ねられた新聞紙を、持って来た秤で量《はか》って値段を付けます。棹秤《さおばかり》という天秤の一種で、棒の形をした秤です。棒の片端に量る物を吊るし、残る片端に金属製の分銅《ふんどう》という錘《おもり》を下げ、棒の中間にある支点のところを持って分銅を動かし、バランスを取ります。棒が水平になったところの目盛りで、吊るした物の重さが分かります。

そういう棒を腰に差してやって来た屑屋さんは、出された古新聞の束やその他の物を量って、持っていたノートに重さをメモし、それぞれの物の値段を持っている算盤にはじいて、「こういう値段になります」と売り手に見せます。福沢諭吉の言う**《帳合の仕方、算盤の稽古、天秤の取扱い等を心得》**ると、そういうことが出来るようになります。『学問のすゝめ』は、「そういうことが出来るようになりなさい」と言う本で、だったら「そういうことが出来ない人」を相手にするノウハウ本かというと、そういうものではないでしょう。**《手紙の文言》**というのも、後の流れからすると「個人的な手紙の書き方」ではなくて、「商売に関するビジネスレターの書き方」になるはずですが、「ビジネスレターの書き方」が載っているわけではない福沢諭吉の『学問のすゝめ』は、結局のところ『商売のすゝめ』になってしまうのでしょうか？

『学問のすゝめ』初編の最後には、**《端書《はしがき》》**と題された「あとがき」があって、そこには福沢諭吉と並んで「小幡篤次郎《おばたとくじろう》」という人物名が記されています。小幡篤次郎は、福沢諭吉と同じ大分県中津藩の出身で、福沢諭吉の門下生です。廃藩置県のあった明治四年に、もう「旧」の一字が付くようになったかつての藩主や藩士達が、新時代に備えるため、「中津市」となった地に学校を開きました。その開校を指導したのが、既に慶應義塾を主催していた福沢諭吉で、校長となったのが小幡篤次郎です。だから当然、その中津市学校は「土地の子供のための学校」ではなくて、慶應義塾並みの「一人前以上の青年のための学校」です。

この**《端書》**によれば、『学問のすゝめ』は、**《故郷中津に学校を開くにつき、学問の趣意を記して旧《ふる》く交わりたる同郷の友人へ示さんがため》**に福沢諭吉が書いたもので、これを見た人が**《この冊子を独《ひと》り中津の人へのみ示さんより、広く世間に布告せばその益もま**

た広かるべし》と言ったので、全国版が刊行されたのです。

そこに校長先生の名前も書かれているので、うっかりすると小幡篤次郎は『学問のすゝめ』の共著者で、「ウチの学校のテキストが評判になったので、一般にも売り出します」と言ってるようにも思えてしまいますが、違います。最初の『学問のすゝめ』は中津市学校開校の記念パンフレットのようなもので、福沢諭吉が一人で書きました。読者として想定されるのは、これから「新しい社会」を作って行くはずの中津市学校の生徒である青年と、福沢諭吉の**《旧く交わりたる同郷の友人》**――つまり、ついこないだまで「武士」だった人達なのです。

武士にとって「学問」と言えば、まず漢学ですが、それは武士が差す刀と同じような、武士であることに必須の「教養」です。武士らしさを保つための頭の中の装備が漢学だと思えば、「そんなものが今の時代、なんの役に立つ？」ということにもなるでしょう。だから、「難しい漢字を知ってたってなんだっていうんだ」とか、「ひらがなを知って手紙が書ければそれでいい」なんてことを、福沢諭吉は言うのです。

何も知らない「西洋」を学ぶのは大変だ

それでは福沢諭吉は、「元武士」である旧友達に「これからは商人になる勉強をしろ」と言っているのかというと、どうも違います。「帳簿の付け方、算盤の練習、秤の使い方を知っておけ」と言った後に続く**《なおまた進んで学ぶべき箇条は甚だ多し》**の、その内容を知れば分かります。

難しい漢字を知らず、ひらがなで手紙を書ける程度の人間に福沢諭吉が提示する「学ぶべきこと」とは、地理学、究理（物理）学、歴史、経済学、修身《しゅうしん》学で、どう考えても「ひらがなだけじゃ無理」と思えるような学問ですが、福沢諭吉は**《むつかしき字》**なんか知らなくても大丈夫と、次のように言っています——。

《これらの学問をするに、いずれも西洋の翻訳書を取調べ、大抵の事は日本の仮名にて用を便じ、或いは年少にして文才ある者へは横文字をも読ませ、一科一学も実事を押《おさ》え、その事に就《つ》きその物に従い、近く物事の道理を求めて今日の用を達《た》すべきなり。》

福沢諭吉は、「地理学以下のことを学ぶには西洋の翻訳書を読めばよくて、たいていのことは日本のひらがなやカタカナで用が足りる」と言っています。だから**《むつかしき字を知り、解し難き古文を読み》**という旧来の「学問」なんかは不要だということになるのでしょう。

でも、既に言ったように、西洋を学ばなければいけない日本人は、西洋の本をバンバン翻訳して、自分達の知らなかった西洋由来の概念を漢字の熟語に置き換えてしまいます。漢字は表意文字なので、どう説明したらいいのかよく分からない「日本人にとっての新しい概念」も、それにふさわしい漢字を並べてしまえば、なんとなく分かったような気になってしまいます。そういうものだから、明治に書かれた文章はやたらと漢字だらけの難解な文章になって、福沢諭吉自身だって「これから学ぶべき学問」がどんなものであるのかを一つ一つ紹介していますが、それさえも「かな文字だけの知識」で分かるかどうかは分かりません。

たとえば、**《地理学とは日本国中は勿論《もちろん》世界万国の風土道案内なり。》**で、**《風土道案内》**は「風土の道案内」のことですが、ここだけでも「かな入れてくんないかな？」の漢字だらけです。やがては「物理学」の訳語に落ち着いてしまうものは、この段階ではまだ「究理学」で、**《究理学とは天地万物の性質を見てその働きを知る学問なり。》**です。「究理」とは「理ヲ究《きわ》メル」という意味で、だから**《天地万物の性質を見てその働きを知る学問》**にはなりますが、このことを理解するには、漢字の知識が必要です。究理学が現在の物理学のことだというのを、福沢諭吉の説明で理解するのも大変ですが、その理解へ至るためにまず必要なのは、漢字の知識なのです。

　江戸時代に武士以外で儒学や漢学を学んでいない人達がどれほど漢字を読めたか、ということになると、結構読めていたんじゃないかとは思います。というのは、江戸時代の町人向けの出版物は、ほとんどが総ルビ付きなので、漢字を知らなくても読めてしまうからです。たとえば、曲亭馬琴《きょくていばきん》の書いた『南総里見八犬伝《なんそうさとみはっけんでん》』の本文は難しい漢字だらけで、おまけにそんなことをする馬琴は自分の知識をひけらかしたいので、へんに凝った訓《よ》み方ばかりさせますが、すべての漢字にふりがなが付いているので、漢字なんか読めなくても大丈夫です。そういう伝統があるので、明治時代になってから創刊される新聞も、総ルビ付きです。だから、福沢諭吉の言うように**《大抵の事は日本の仮名にて用を便じ》**で、**《いろは四十七文字を習い》**だけで大丈夫なのです。

　しかし、福沢諭吉の書いた『学問のすゝめ』は、ところどころにふりがながありますが、総ルビ付きではありません。引用部分に関しては、読みやすいように私がふりがなを付けたところもあります。小説のようなものなら、ストーリーを追って行くだけでなんとなく読めてしまうものもありますが、『学問のすゝめ』は読む人にものを考えさせようとする本なのです。「かな文字だけは読める」というような人には、分かりにくいところだってあります。

たとえば「修身学」を説明する部分です。《**修身学とは身の行いを修め人に交わりこの世を渡るべき天然の道理を述べたるものなり。**》とあります。第二次世界大戦が終わるまで、日本の学校教育には「修身」という課目がありました。今でもまだ「修身を復活させるべきだ」と言って遠い昔を懐かしむ人もいますが、修身学とはいかなるものかという説明を福沢諭吉がわざわざするところからして、「修身」というのは古くからあるものではなく、西洋文化に触発されて生まれた、新しいものなのですね。だから、《**西洋の翻訳書を取調べ**》です。でも、だからと言って、「修身学」がなんなのかということが、分からないわけではありません。福沢諭吉の言うことに従えば、「これは〝道徳〟のことを言ってるんだろうな」という気がします。でもそれが、同じかどうかは分かりません。

なんとなく分かるのは、私達がもう「道徳」という概念を知っているからで、江戸時代に漢学を習った人も、似たような理解をしたでしょう。私達は「儒教道徳」という四字熟語を知っているので、「福沢諭吉は儒教道徳のことを言っているんだ」と思いますが、しかし「道徳」の「道」とか「徳」というのは、儒教の祖である孔子の提唱するものであるよりも、それとは違う老子《ろうし》の提唱する概念です。だから、江戸時代に漢学を習っていた人なら、福沢諭吉の言う「修身学」の説明に対して、「道徳のことだな」とは思わずに、ただ「これなら知っている」とか「これなら分かる」という風に思ったでしょう。だから「なんとなく」なのです。

しかし、私の言いたいことは、「江戸時代に漢学を習った人達が〝道徳〟というものをどう捉《とら》えていたのか」ということではありません。「江戸時代に漢学を習っていた人なら、福沢諭吉の言う抽象的なことも理解出来ただろうな」と言いたいのです。

福沢諭吉の言う《**身の行いを修め人に交わりこの世を渡るべき天然の道理**》という「修身学」に関する説明は、抽象的なものです。「究理学」で言う《**天地万物の性質を見てその働きを知る**》だと、《**天地万物**》という具体的な物がありますから、「そんなことを知ってどうする?」と思う前に、なんとなく「ふーん」と納得出来てしまいます。ところが「修身学」の方はそうじゃありません。《**身の行いを修め**》と言われると、どうしても「自分のこと」です。「自分をどうとかするんだな」とは思っても、普通の人間は自分の行動に《**天然の道理**》なんてものがあるとは思いません。だから、なんだか分からなくて、「これは具体的にはどういうことなんだろう?」と思ってしまうのです。

それが「抽象的な思考が苦手な人」です。抽象的な思考をするためには「抽象化された概念」というものに慣れる必要があります。「今の我々は〝道徳〟という概念を知っているから、福沢諭吉の修身学に関する説明がなんとなく分かる」というのは、そういうことです。そして、日本で抽象概念は大体漢字の熟語で表されます。だから、漢字だらけの漢学を学んだ人は、抽象概念と付き合うことに慣れているけれど、ひらがなだけで用を足そうとする人は漢字のふりがなが読めても、漢字が表す「抽象概念」の方はよく分からないのです。

だからなんなのかというと、「福沢諭吉は、難しい漢字を知らなくて、かなの文字だけ知っていれば大丈夫と言っているが、そんなことはないだろう」と言っているわけではありません。私が言っているのは、「福沢諭吉の言っていることを一々追っかけて行くと、〝矛盾〟のようなものが見えてしまう」というだけで、その後は「けれども」と逆接になります。

これからは「自分の頭で考えろ。それが学問だ」

《学問とは、ただむつかしき字を知り》で始まった福沢諭吉の「学問に関する説明」は、

「西洋の翻訳書を読めばいい。かなだけでも大丈夫だが、若くて才能のある人間には直接横文字の本を読ませろ」というところから、**《一科一学も実事を押え、その事に就きその物に従い、近く物事の道理を求めて今日の用を達すべきなり。》**で一段落します。その間、突っつけば「矛盾」に見えるようなところもありますが、ここで福沢諭吉は、「学問は形式じゃないよ」と言っているのです。だから、**《その事に就きその物に従い、近く物事の道理を求めて》**と結ぶのです。

それ以前の学問の主流は、漢文のテキストを読んで身につけ、自分の身分にふさわしい「教養」とすることでした。それは、「学べば終わり」で、「それを基にして自分で考える」ということを必要としません。江戸時代は、固定的な社会のその上層部だけで物事を判断するという時代だったので、それぞれが思索を深めて意見を言うなんてことが必要とされません。だから、古典的な教養を身につけておけば、それでよかったのです。それが「たしなみ」です。うっかり「自分なりの意見」なんかを表明すると取り締まりの対象になってしまう危険性だってあります。「上からの命令に従っていればいい」という原則で出来上がっていたのが江戸時代ですから、「下」の人間には「自分の頭で考える」なんてことをする必要がなかったのです。

でも、その時代は終わりました。だから「自分の頭で考えろ、考えられるようになれ。それが学問だ」と、福沢諭吉は言うのです。**《その事に就きその物に従い》**というのは、「対象に即して考えろ」ということで、「テキストの言うことに従え」ではありません。**《近く物事の道理を求めて》**というのは、「必要な真理というのは、テキストの中にある遠いものではなく、あなたが自身で実感出来るはずのものだから、自分の方に引き寄せて考えろ」ということです。「どこにそんな長ったらしいことが書いてあるんだ」と言う人は、**《ただむつかしき字を知り、解し難き古文を読み》**が学問だと思う、「遠いテキスト至上主義者」ですね。

明治四年の終わりの福沢諭吉は、学問というものが形式主義に堕していると思っていたのです。だから、「難しい漢字を知っているからなんだっていうんだ？　そういうやつらは、秤を腰に差して古紙を買い歩くことだって出来ないんだぞ」という言い方をするのです。

文章中の漢字すべてにふりがなが付いていれば、かな文字を知っているだけでも大丈夫でしょう。でも、「自分の頭で考える」ということになったら、漢字で出来上がっている抽象概念に慣れることも必要で、漢字を知ることを無視してもいいという話にはなりません。でも福沢諭吉は、うっかりそんなことを言って、新しい時代の学問を志す人が過去へ逆戻りしてしまったらまずいと思ったのでしょう。

《**学問とは、ただむつかしき字を知り**》に始まって《**世上に実のなき文学を言うにあらず**》と言う福沢諭吉は、「学問とは文章の学である」という既成概念から離れろと言っているのですが、それを言わせるだけの魔力が、文章にはあります。

『学問のすゝめ』が十七編まですべてが出揃《でそろ》った明治九年の三十年後、国木田独歩は『自然を写す文章』と題されるものの中で、こう語っています——。

《自然を写す文体はどんなのがよいかというような事は、今まで一度も考えた事はない、又私は自然を写すには文体はなんでも可《よ》かろうと思って居る。兎《と》に角《かく》自分の一等書き易《やす》い文体で書けばそれでよかろう。けれども一ツ考えて見なければならぬ事は、あまりに文章に上手な人、つまり多くの紀行文を読み、大くの漢字を使用し得る人の弊《へい》として、文章に役《えき》せられて、却《かえつ》て自然を傷《きずつ》けて了《しま》うような事があるかも知れぬという事だ。》

　国木田独歩というと「自然主義の作家で代表作は『武蔵野』」という風に理解されていますが、ご当人は「私は〝自然主義〟なんかじゃない。自分が書きたいように書いているだけで、〝自然主義〟なんていうレッテルを貼られるのは迷惑だ」と言っています。その辺りのことは《自分の一等書き易い文体で書けばそれでよかろう》と言っていることで分かると思いますが、その国木田独歩に「自然を写生する文章はどう書けばいいんでしょう？」という質問が来たんですね。国木田独歩はそれに答えているのですが、なんだってまた国木田独歩のところにそんな依頼が行ったのかということです。その答は「国木田独歩以外に、普通の写生文が書ける人が日本にいなかったから」でしょう。

国木田独歩が『自然を写す文章』を発表した明治三十九年は、六十六歳で福沢諭吉が死んだ五年後です。島崎藤村の『破戒』や夏目漱石の『坊っちゃん』が発表された年で、自然主義の文学が盛んになって行くような節目の年ですが、そういう話はどうでもよくて、現在の我々が普通に読めるような文章が（やっと）書かれるようになった時期なのです。だから国木田独歩は、「うっかり漢字なんか知っていると、それを使って嘘っぽいことを書いてしまう」と言っているのです。それが《文章に役せられて》です。たとえば、山がけわしくそびえ立っていることを「山嶺峨々《さんれいがが》たり」と書くと知っていると、その山がそんなにけわしくなくても、自分の知っている表現に引きずられてそう書いてしまうのです。そう書けば「教養のある人」と思われるだろうという、一般的な思い込みがあったのです。

国木田独歩以前、文章を書くというのは、ステロタイプな表現をところどころにあててはめて行けばよいもので、その表現をいっぱい知っている人が「文章家」と言われたりもしたのです。福沢諭吉が死んだ後でさえも、まだそうです。うっかりすると「そういう名文のようなものを書かないといけないのじゃないか？」と思ってしまうくらいに、明治時代以前に完成していた文章には、人を縛る力があったのです。だからこそ福沢諭吉は、「古い学問から逃げろ、じゃなきゃ新しい時代は来ない」と言うのです。

第三回

虚学と実学

諭吉は「商売のすゝめ」を書いたわけではない

福沢諭吉といえば「実学」です。前回にも言ったように「今まで通りの漢学や国学じゃだめなんだ」と言った福沢諭吉は、その後で**《されば今かかる実なき学問は先《ま》ず次にし、専《もっぱ》ら勤《いそし》むべきは人間普通日用に近き実学なり。》**と言います。

福沢諭吉にとっての「実学」とは、「人間の普通の日用に近いもの」で、だからこそその具体例として**《いろは四十七文字を習い、手紙の文言《もんごん》、帳合《ちょうあい》の仕方、算盤《そろばん》の稽古、天秤《てんびん》の取扱い等》**が挙げられ、その後に地理学、究理学、歴史、経済学、修身学と続きます。うっかりすると、これは「近代的ではない江戸時代の人間が、近代的な一人前の実業家になるために必要な学問」と思われかねないところもあります。でも違います。

福沢諭吉は「近代実学を説いた代表的人物」のように思われて、福沢諭吉の創設した慶應義塾大学は、官僚養成のために明治維新政府の創った東京大学とは違う、「実業家を輩出する大学」と言われていました。だからと言って、『学問のすゝめ』は『商売のすゝめ』や『近代的実業人になる指針』なんかではありません。そうするかどうかは読者自身の問題で、『学問のすゝめ』は、あくまでも『学問のすゝめ』です。

昭和が終わって長い不景気と就職難が続いてしまうと、「大学は現実離れのした役に立たないことばかり教えていないで、学生にとっては就職に有利な、企業にとっては即戦力となるような人材育成の教育をするべきだ」という声が高まって来ます。そこでクローズアップされるのが「実学」という言葉で、「実学」はもっぱら、「実際に役に立つ実用の学問」という意味で使われるようになりましたが、「実学」というのは、そういう分かりやすいノウハウを教えるような学問なのでしょうか？　違います。

「実学」という言葉は、福沢諭吉が歴史の上に登場する以前からあります。福沢諭吉が「そういうものを学問だと思っていてもしょうがない」と言う漢字系の学問――漢学の中にその言葉は登場します。

漢学の中心にいるのは儒教の開祖の孔子で、四書五経《ししょごきょう》と言われるのが儒教の重要なテキストですが、孔子が生まれたのはキリストが生まれる五百年以上前の紀元前です。これだけだとどの程度に昔なのかはよく分かりませんが、秦の始皇帝が中国を統一したのは孔子が死んだ二百五十年後で、思想統制をはかるために焚書坑儒《ふんしょこうじゅ》ということをやっています。書物を焼いて、儒学者を土の中に生き埋めにしてしまうことです。書物と言っても、この時代の中国にまだ紙はなく、細く割った竹の表面に文字を書いてこれをいくつも簾《すだれ》のように紐でつなげたものが、当時の書物です。パチパチといい音を立てて燃えたでしょう。

孔子の死後二百五十年ばかりで、孔子の思想は独裁者からいやがられるような勢力を獲得していますから、焼かれた書物も当然儒教関係のものがその中心にありますが、しかし、儒教がこの弾圧を受けたのは、まだ紀元前です。儒教はその後も中国の根幹をなす思想として生き延びますが、その間、中国人は四書五経と言われるものを大切に学び、「このテキストに書かれていることはこういうことだ」と解釈したり註釈を入れて、そういうことをするのが「学問」でした。

学問の中心が儒教にあることは動かず、しかし大昔に書かれたことは後になっては分からなくなってしまうので、「ここに書かれているのはこういうことだ」と解釈したり、孔子の時代に言われていないことでも、「孔子はこう言ったはず」と時代の要求に合わせて解釈を作り上げて、いつか学問は「孔子の考えを学ぶ」から、「孔子の考えを解釈する」という方向に移ってしまいます。なにしろ孔子はとうの昔に死んでいるのですから、解釈なんかしたい放題です。

そういう「学問」がずっと続いて、孔子が死んでから千六百年ほどたった頃、一人の人物が生まれます。「朱子学《しゆし》」と言われるものを確立した朱子です。彼は、それ以前の儒教の解釈を統合し、彼自身の解釈も加えて、儒教のあり方を一変させます。時代の必要に合わせて儒教を変えたと言ってもいいと思いますが、そういう彼は、彼以前に存在していた多くの儒教の解釈学を「虚学《きょがく》」と言いました。「虚学」とは、「机上の空論で実際の思考にはなんの役にも立たない学問」という意味で、「実学」の反対語です。

実学というのは、「学問のための学問」である虚学に対して、「実効性のある考え方を身に宿らせる学問」で、「帳簿のつけ方を覚える」や「算盤をマスターする」ということだけではありません。それは、学問であることの本来です。朱子学に対する当時最大のライヴァルである虚学は仏教だったのですが、「死んだらどうするだけを考えてたって、なんの役に立つんだ？」です。

朱子の考え方は、既に儒教を学んでいて「でも、だからどうだっていうのかな？」なんてことを感じている人に、「あ、そうか――」と思わせるような理解をもたらしました。朱子は、孔子が言っていない「宇宙はこうして出来上がった」という考え方も付け加えて、「儒教を学んでいれば、どんなことにでも対処出来る」という態勢を作ってしまいました。「これは便利だ、役に立つ。合理的だ」と言われたかどうかは知りませんが、元々、仏教に比べて実際的だった儒学を、もっと明確に実用方面に近づけたのが朱子で、「朱子の考え方に従って儒教のテキストを学ぶ」や「朱子が儒教に付け加えた考え方も儒教として学ぶ」という朱子学は、政府公認の学問――「これだけを学んでいればいい」と時の政府が認定した官学《かんがく》になりました。中国でもそうで、日本でもそうです。

徳川幕府の公式の学問は朱子学で、福沢諭吉は「朱子学」というピンポイントの名指しこそはしていませんが、**《畢竟《ひっきょう》その学問の実に遠くして日用の間に合わぬ証拠なり。》**と言われてしまう江戸時代から続く**《漢学者》**の学ぶものだって、かつては「実学」であったはずの朱子学なのです。

「虚」と「実」の違いは、「役に立つかどうか」だけではない

かつては「実学」であったものでも、時間の経過と共に人から「それがなんの役に立つの？」と言われてしまう「虚学」になってしまいます。学問というのはそういうもので、時間というものもそういう作用を持つものです。

『学問のすゝめ』初編で福沢諭吉が挙げた「地理学」以下の学問は、すべて基礎的な学問で、明治五年頃の日本人を「おお……」と唸《うな》らせるような新知識ではあっても、今や義務教育課程でマスター出来るようなものでしょう。明治五年頃には「実学」であったとして

も、今では「それだけじゃ役に立てようのないただの基礎知識」になってしまいます。

二十一世紀になって大学が取り入れた「就職してすぐに即戦力となるような実学」だって、いつ時代遅れの役立たずになるのかは分かりません。科学の世界は日進月歩で、年柄年中新しい知識を仕入れていなければならないみたいです。科学の世界だけじゃなくて、地理の世界だって、市町村合併が起こって「え、そんな聞いたことのない市はいつ出来たの？」ということにもなっていますし、聞いたことがないような国に突然スポットが当たって、「そんな国どこにあるの？」と言いたくなってしまうことはザラです。最早、「世界地図は描き変えられた」状態になっていますし、他の分野だって学説や解釈がガラガラと変わって、「以前はそう考えられていましたが、今ではそんな風に考えないんですよ」なんてことを専門家に言われてしまうのも珍しくありません。

実用の役に立つ学問が「実学」だとしても、そんなに簡単に役に立たなくなってしまっては「実学」とは言えません。またその一方で、なんの役に立つのかよく分からないことを、一人で黙々と研究している人だっています。「それって、なんの役に立たないんだから〝虚学〟じゃないの？」という気もしますが、福沢諭吉だって、「役に立つとも思えない従来の学問」に対して、**《これらの文学も自《おの》ずから人の心を悦《よろこ》ばしめ随分調法なるも**

の》と一定の理解を示しています。つまり「当人がそこに学問をする歓びを感じているんだから、しょうがない」です。

このように、うっかりすると「虚学」と「実学」の間に「役に立つか、立たないか」の線引きをしてしまいがちですが、それは違います。学問の「虚」と「実」は、それに従事する人の心に響くか響かないかの差なのです。

虚学は「学問のための学問」で、「学問のための学問」とは、「あまり身には沁《し》みないけれど、それに携わっていると生活が成り立つ学問」です。これに対する実学は、「うーん」と人を納得させる内容を持つもので、だからこそ「実効性のある考え方を身に宿らせる」になります。朱子学が官学になったのは、それが当時の人を納得させる説得力を持つものだったからですが、しかし、朱子学が官学になってしまうと、事情が変わります。

それは「国家が必要とする考え方」なので、それを身につければ国家に採用されて、少しばかりは「出世」ということになります。つまり、会社の採用基準に「大卒以上」とあるから「大卒」の資格を取って無事に採用されはしたけれど、会社の正規採用の社員は全員「大卒以上」だから、「大卒」という理由だけで出世ができるわけでもないし、給料が特別いいというわけでもない、というようなことです。

江戸時代の武士は現代のサラリーマンや公務員と同じようなものですが、現代のそれと違うのは、「武士は生まれつき武士」ということです。上級武士の家に生まれれば上級武士で、中級や下級武士の家に生まれれば、中級や下級の武士です。上級武士の家に生まれた子は、将来の立場が保証されているので、それにふさわしい「嗜《たしな》み」を身につけるために公式の学問を学びますが、それをサボったからといって、どうなるわけでもありません。身分格差ははっきりしているので、バカ息子でも上級武士の子は上級武士になって、「今のご家老はバカだから」というようなことを陰で言われるだけです。

でも、中級とか下級武士の子となると、そうはいきません。「頑張って、もう少し上に行かなくちゃ」と思います。平和な世の中で、武芸自慢はあまり役に立たないので「勉強をしよう」と思って、時の政府公認の勉強を一生懸命します。でも、幕府公認の官学は、みんながするものなので、それをしてもあまり効果は出ません。だから「勉強の効果を出すためには、人とは違うことを学ばなくちゃ」ということになって、蘭学を志望したりもします。

前にも言いましたが、「蘭学」の「蘭」はオランダを意味する文字で、鎖国の江戸時代に唯一出島での貿易を許されていた西洋の国がオランダだったため、当時の日本人はオランダを窓口として西洋のことを学んでいて、蘭学はイコール「西洋を学ぶ学問」になったのです。福沢諭吉は十九歳の時に長崎へ行って、オランダ語と蘭学を学びます。福沢諭吉は武士の子ですから、当然その以前に漢学を学んでいます。だからこそ「漢学じゃだめなんだ」と思ったでしょうし、公式の漢学を習ったってそれで生活がうまく行くわけでもないということを知っていて、**《古来漢学者に世帯持の上手《じょうず》なる者も少なく》**と言うのでしょう。**《世帯持の上手》**とは、「家計が安定していて楽」ということです。

幕府のお墨付きの学問をしていたって、それを学ぶのが「普通」であれば、学んだ結果だって「人並み」です。おまけに朱子学は、徳川幕府がスタートする三百年以上前に出来上がっています。「学問体系が出来上がってしまっている」ということは、「それを学んでおけばもう安心」ということで、だからこそ時の政府の公認かつ推奨《すいしょう》する学問にはなれるわけですが、しかしその一方、完成してしまった学問体系にはそれ以上の発展がありません。「漢学者」として幕府や藩に採用されていたとしても、「武士の嗜み」としてこれを学ぼうとする人間に、知っていることを教える以外はすることがありません。下手に自分の解釈をそこに入れると、完成した朱子学を壊したり批判することになってしまいます。

そもそも朱子学が官学になったのは、それが幕府の支配体制を肯定する考え方で、「これを学んでこれに従っていればよい」ということは、「これ以外のことを学ぶな」でもあるのです。松平定信《まつだいらさだのぶ》の寛政《かんせい》の改革の時には、「朱子学以外のものを学ぶな」というお触れも出ました。「寛政異学《いがく》の禁」です。「これさえ学んでおけば大丈夫」というのは、学問の自由や思考の自由を奪うことでもありますから、そんな学問に従事していても、「変わらないシステムを変わらないままに守り続ける捨石《すていし》」になるようなものです。

「学問」には意味がありますが、その「学問をする人」にあまり意味が宿らないものが「学問のための学問」である虚学で、平和で穏やかでなにも変わらないままにある時代なら、虚学も**《人の心を悦ばしめ随分調法なるもの》**でしょうが、その時代が揺らぎ始めたら、虚学はもうなんの力も持ちません。必要なのは、学ぶ人の中に沁み入って、新しい時代を作り上げて行く——そういう「実」を宿した学問なのです。

「実学」は簡単に「虚学」になります。「虚学」か「実学」かを判断するのは人の心です。納得出来れば「実」で、納得出来なければ「虚」です。納得がピントはずれになれば、実学であったものはもう「虚」です。でも、「こんなものはもう役に立たない時代遅れだ」と見捨てられたものであったとしても、そこに新たなる目が向けられて「納得」が甦《よみがえ》ったら、それはもう「実」の学です。

「実学か虚学か」を判断する基準は、「社会の役に立つかどうか」ではなく、まず人の心に納得を呼び起こすかどうかで、「社会の役に立つかどうか」はその次です。

今の学問は高度に発達してしまって、納得以前に頭に入れることさえむずかしくなっています。そういうものが「虚」なのか「実」なのかを判断するのはむずかしいことですが、それを判別する簡単な方法があります。「これはなんの役に立つのですか?」を尋ねた時に、ちゃんと答えてくれるのが「実」で、答えてくれないのが「虚」です。

答えてくれても、その答え方が嘘臭かったら「虚」ですが、「なんの役に立つのですか?」と尋ねて、「なんの役にも立たないんですよ」という答が返って来たら、それは「実」です。「今はなんの役にも立たないけれど、将来はなにかの役に立つかもしれない」と思っているから、あっさりと「なんの役にも立ちません」と言えてしまうのです。

自分の学問を「虚」にしてしまっている人は、「なんの役に立つのですか?」と尋ねても答えてくれません。「お前なんかに関係ないことだ」と思っているからですが、従事する人間にとってだけ意味があるようなものは、「実学」なんかじゃありません。

では、諭吉の言う「実学」とは?

「実学」に関する話を延々としてしまいましたが、しかし「実学の重要性」を説く福沢諭吉は、『学問のすゝめ』の中で「実学とはどういうものか」という説明をしてくれません。ただ「実学の具体例」を挙げて、これを勧めるだけです。「実学」にならない学問を挙げて、「そんなことをやっていても世帯持の上手にはなれない。商売に上達出来るわけでもない。そんな学問に身を入れる子供を見て、親は家の財産をつぶすんじゃないかと心配する」と脅しておいて、**《専ら勤むべきは人間普通日用に近き実学なり。》**として、「実学」を勧めるのです。

このままだと、「実学は金になるからやれ」になってしまいます。はっきり言って、現在の「実学ブーム」には、「金になることをやれ、金にならないことはやるな」という浅ましい一面も隠されていますが、福沢諭吉は「金になるから実学をやれ」と言うような人なのでしょうか?

『学問のすゝめ』の初編で「実学」を勧めるようになる部分の前でも、福沢諭吉は「身分の差や貧富の差は生まれつきによるものではない。学問の力のおかげだ」というかなり無茶なことを言って、「学問の実利性」を訴えています。でも、「実学」を勧めた後には、こういう文章が続くのです——**《右は人間普通の実学にて、人たる者は貴賤《きせん》上下の区別なく**

皆悉《ことごと》くたしなむべき心得なれば、この心得ありて後に士農工商各々《おのおの》その分を尽し銘々の家業を営み、身も独立し家も独立し天下国家も独立すべきなり。》

ここで言われる《**実学**》は、どうも「金儲けの役に立つ学問」ではありません。《**右は**》というのは、《**いろは四十七文字を習い**》から《**修身学**》に至るまでのものです。それを福沢諭吉は、《**人間普通の実学**》と言います。つまりは「人間誰もが知っておくべき常識」です。だから、《**人たる者は貴賤上下の区別なく皆悉くたしなむべき心得**》と続きます。

《**貴賤上下の区別なく**》とは、「身分の上下に関係なく」で、「もう江戸時代は終わったんだから、かつての身分制度にこだわるな」と言っているように思えますが、しかしその後には《**士農工商各々その分を尽し**》と、かつての身分制度を前提にした言葉が続きます。福沢諭吉は、身分制度を肯定した上で、「身分の上下に関係なく」と言っているのでしょうか？　多分、違います。

江戸時代は終わったばかりで、人の頭の中にはその頃の身分制度の名残りがたっぷりと残っています。だから《**貴賤上下の区別なく**》と言います。しかし、身分制度がなくなったからと言って、多くの人は江戸時代以来の職業に従事して働き続けています。福沢諭吉は人の労働を大切なものと考える実質主義者ですから、「武士も農民も物作りの職人も商人も」と言うのです。**《士農工商》**は「身分の別」ではなく、「職制の別」ですから、**《銘々の家業を営み》**ということになるのです。

しかし、農や工や商は**《銘々の家業を営み》**も可能ですが、問題は士です。既に明治二年、版籍《はんせき》奉還《ほうかん》で各地の大名は自分達の領地とそれに付属する人間達――「農」であり「工」であり「商」です――を、本来の領主であると思われる朝廷に返還しています。大名達は自分の領地を失いますが、まだ藩自体は健在で、かつての大名領主は知《ち》藩事《はんじ》として、その地方を管轄する地方長官になり、その後は「華族」の身分を与えられます。その藩に所属した武士達は「士族」です。

士族になったからといって、かつての武士達には格別の特権が与えられていません。戸籍に「士族」と書かれることだけが特権となる、意味のない資格です。明治四年になれば廃藩置《はいはんち》県《けん》で、武士が所属する藩というシステムは消滅してしまいます。かつての武士は「士族」という名の失業者で、『学問のすゝめ』の十六編と十七編が刊行されて全体が完結する明治九年になれば廃刀令が出されて、武士がそのシンボルである刀を差すことが禁止されます。廃藩置県のあった明治四年には散髪脱刀《さんぱつだっとう》令が出されて、「もう丁髷《ちょんまげ》を結わなくてもいい、刀を差さなくてもいい」ということになっています。「散切《ざんぎ》り頭《あたま》を叩いてみれば文明開化の音がする」という歌の文句はここから来ていますが、明治維新政府が「もう刀を差さなくてもいいよ」と言うのは、「もう武士なんかに意味はなくて、出番もないよ」ということを遠回しに言っているのです。

「かつての武士達はヤバイ存在である」ということを、自分達もかつては武士だった明治維新政府の人間達は知っていて、だからこそジワリジワリと「武士の実質」を奪って行くのですが、やっぱり案の定で、廃刀令が出されてしまうと「我々をなんだと思っているんだ！」という不満が爆発して、熊本県では神風連《しんぷうれん》の乱、山口県では萩の乱という「不平士族の乱」が起こって、その翌年にはついに西郷隆盛が鹿児島で武装蜂起をする西南戦争が起こってしまいます。

『学問のすゝめ』初編が刊行された時点でも、あまりよろしくない「武士のその後」は分かっているようなものですから、農工商はともかく、「営め」と言われても、士の**《家業》**に未来はありません。だから、その点でだけは**《士農工商各々その分を尽し銘々の家業を営み》**は間違いであるかもしれません。しかし、その後を見るとやはりこれだって「間違いだ」とは言えなくなります。なにしろ**《身も独立し家も独立し天下国家も独立す**

べきなり。》ですから。

《人間普通の実学》と言い、《皆悉くたしなむべき心得なれば》と言い始めた福沢諭吉の論は、「実学で金儲けに成功しろ」とは続きません。続くのは、それとは別の「独立しろ」なのです。

「独立しろ」とはどういうことか

農工商には営める《家業》がありますが、未来がなく実質を失った武士にはそんなものがありません。だったらどうするのかと言えば、福沢諭吉の答は「独立しろ」です。この「独立」はもちろん、「未来のない家なんか出て独立しろ」ではありません。「埋没した存在から立ち上がれ」です。そう考えなければ、《身も独立し家も独立し天下国家も独立すべきなり。》の部分は意味が通りません。

福沢諭吉の認識によれば、明治五年初頭の段階で、日本は埋没しています。当たり前でしょう。日本が鎖国をやめて開国したのは、鎖国したまま内輪《うちわ》揉《も》めを続けていれば「列強《れっきょう》」と呼ばれる欧米諸国の侵略を受けて、植民地にされかねない危険性があったからです。開国して欧米の進んだ技術を取り入れて、欧米に侵略されない強い国にならなければばなりません。開国した日本は「隙あらば侵略してやろう。日本から我国の利益になるものを奪い取ってやろう」と考える「先進国」に囲まれていたのです。十九世紀というのはそういう時代で、だからこそ当時の先進国は「列強」と呼ばれていたのです。

強くなければなめられて、脅かされます。そして、明治になった日本はまだ強くなれていません。福沢諭吉は明治政府のお定まりのスローガンである「富国強兵《ふこくきょうへい》」なんてことを言ったりはしませんが、明治になったばかりの日本が「列強」と言われる国々から見れば「埋没している」という状態になっていることを、実感していました。ちなみに、当時の世界に存在していたのは「隙あらばよそを狙おうとする列強」と、狙われたり植民地になったりした「後進国」だけです。だから、「列強」には、「虎豹《こひょう》のような」という修飾語がつきます。虎や豹のような肉食系が「列強」です。「列強か、後進国か」の二択の中で「列強」の方を選択しても、まだまだ日本は「列強」の中で頭角を現わせてはいなかったのです。

福沢諭吉の言う《**独立**》は、「なにかへの依存状態から脱する」ではありません。それで言えば、日本は初めから独立国で、遠い飛鳥の昔に中国の文明を吸収していた時だって、自負心を示して「日出処《ひいずるところ》の天子、日没処《ひぼつするところ》の天子へ」という国書を送りました。でも、もうそういう優雅な時代ではありません。日本という国のあり方を明確に示さなければ、列強に呑み込まれてしまいます。そうなってはならないという意味の《**独立**》です。日本は埋没から抜け出さなければならないのです。

簡単に言ってしまえば「国力アップ」をしなければなりませんが、どうすればそれが実現するのでしょう？　「富国強兵」という単純すぎるスローガンを採用しなかった福沢諭吉の路線は、戦国武将の武田信玄に似ています。

武田信玄は「人は石垣、人は城」と言いました。「国の構成要素となる人間がしっかりしていることこそが、国の最大の力だ」です。だから、《**身も独立し家も独立し天下国家も独立すべきなり。**》です。

江戸時代に一番重要で絶対だったのは「主君のため」です。「主君のためが第一」で、自分のことを考えるのはあまりいいことではありません。だから、明治五年段階の読者にとって一番分かりにくいのは、《**身**》――すなわち「自分自身」の独立でしょう。

江戸時代の人間にとって、最大の出世あるいは最大の栄誉は、「主君」である殿様や幕府によって認められ、そのお誉《ほ》めに与《あずか》ることです。それは武士だけではなく、農民にとっても職人にとっても商人にとっても同じです。評価の基準は自分にはなくて、自分が従うべき「主君」や「主人」が握っています。《独立》とは、その従属状態から抜け出すことです。ただ、それを言って明治五年の人達の理解をどれほど得られるかは分かりません。そこで登場するのが《家も独立し》です。

「自分がなにかの従属状態から離れて立ち上がる」というのは、明治五年の人にとっては「分かるような気がするけどよく分からない」ようなことです。それは簡単に言えば「一旗揚げる」ということで、やがては大勢の人間がやりたがるようにはなりますが、明治五年ではまだ具体例が少なすぎます。「剝き出しに自分である」ということは、近代が始まったばかりのこの段階では心細いことでもありますが、「家を独立させる」ということになると違います。俄然《がぜん》分かりやすくなります。

江戸時代ばかりでなく、その後の明治でも大正でも昭和でも、第二次世界大戦終結までの日本人は、《家》と共にいます。自分が名をあげることは、自分の所属する《家》の家名を高めることで、「自分が家を栄えさせる」というのは、当人にとっても自慢で名誉です。ことに、《家業》の行く末が怪しくなっている旧武士の士族にとっては、埋もれつつある我が《家》を独立させるのは、「やらなくちゃいけないこと」で「やってやろうじゃないか！」と思いたくなるようなことです。それで、「自分がなんとかなれば、自分の支えるものもなんとかなる」という構図はぼんやりと見えて来ます。そのはずです。「身の独立↓家の独立↓国家の独立」と辿《たど》ることによって、その《**独立**》の意味がなんとなく分かって来て、「国家の独立↓家の独立↓身の独立」とさかのぼることによって、よく分からなかった「自分自身のあり方」も、ぼんやりと分かって来るはずです。福沢諭吉の言う《**人間普通の実学**》は、この《**独立**》へと向かって行くものなのです。この《**独立**》は決して、「金儲けをして一人前になる」ではありません。それとは違う、「人間のあり方を支えること」です。だから《**皆悉くたしなむべき心得**》なのです。

金儲けに《**経済学**》は必要でしょう。でも考えてみれば、《**身の行いを修め人に交わりこの世を渡るべき天然の道理を述べたる**》《**修身学**》などというものが、金儲けに必要でしょうか？「必要だ」と言う人は「《**天然の道理**》であるようなものを知っておけば、それを利用して金儲けが出来る」と考える人で、《**身の行いを修め**》にふさわしい人ではありません。

「実学の必要」を説く福沢諭吉は、「金儲けの重要性」だって知っていたでしょう。だから《**経済学**》を学べと言うのですが、だからと言って、「実学」を身につける理由は「金儲けのため」ではありません。「その方向へ向かうなにか」の役に立つからでもありません。そのつもりで、もう一度「実学の必要」の部分を読み直してみます。

《されば今かかる実なき学問は先ず次にし、専ら勤むべきは人間普通日用に近き実学なり。》と言って、**《譬《たと》えば、いろは四十七文字を習い》**と続けます。ちょっと考えれば分かりますが、この『学問のすゝめ』を読む人がひらがなをマスターしていないはずはありません。そうでなかったら、この本は読めません。だから当然、福沢諭吉は「まずひらがなをマスターしろ」と言っているのではないのです。福沢諭吉が言わんとすることは、「ひらがなしか知らない人でも、ビジネスレターを書くことは出来るし、帳簿のつけ方や算盤の仕方、計量の方法だって知っている。しかし、ひらがな以上にむずかしい字を知っているあなた達は、それらのことが出来るのか？」であるはずなのです。

「その程度のことの重要性が分かるようになったら、その先で地理学やらなにやらを学んでごらん」と言っているからこそ、この後に**《右は人間普通の実学にて、人たる者は貴賤上下の区別なく皆悉くたしなむべき心得》**の一文が続くのです。

この『学問のすゝめ』は、「実学を身につければ得になる」ということを説く本ではありません。「明治になって、日本は新しい段階に入ったが、まだ確固となんかしていない。みんなで日本を支えなければならない。そのためにみんなが学問をしなければならない」

と言う本なのです。だから、詳しいことは次回以降に譲りますが、『学問のすゝめ』の初編は、こんな風に結ばれるのです——。

《ただその大切なる目当《めあて》は、この人情に基づきて先《ま》ず一身の行いを正し、厚く学に志し博《ひろ》く事を知り、銘々の身分に相応すべきほどの智徳を備えて、政府はその政《まつりごと》を施すに易《やす》く諸民はその支配を受けて苦しみなきよう、互いにその所を得て共に全国の太平を護《まも》らんとするの一事のみ、今余輩《よはい》（＝福沢諭吉）**の勧むる学問も専らこの一事をもって趣旨とせり。》**

《共に全国の太平を護らん》と言う福沢諭吉は、「国家の言うことに従え」とは言っていません。「一緒に国家を作ろう」と言って、福沢諭吉は「そんなあなたを学問が創る」と言っているのです。それが**《共に》**の二文字です。

第四回　福沢諭吉がまず言いたかったこと

全十七編の〝ブログ本〟で重要なのはどこか

読者に対して「埋没した存在から立ち上がれ」と《独立》の必要を説いてしまうと、その後の福沢諭吉の論調は一挙にスピードアップします。

「人は本来平等だ」と言い、「だから学問は必要だ」と言い、「学問というのは実のないむずかしいものであってはならない」と順を追って、「もう基本は押さえた」と思ったのでしょう。そこから話は加速して、いろんなものが詰め込まれて、「えーと、それはそうかもしれないけれど、だからなんなの？」という気を残して『学問のすゝめ』の初編は終わります。福沢諭吉は、それで「言うべきことは言った」と思ったのでしょう。とりあえず『学問のすゝめ』初編は完結します。

『学問のすゝめ』全体は、前に言ったように明治九年の十一月に出版された十七編まで続いて完結しますが、明治四年にこの初編を書いた時、福沢諭吉にはその後を続けて書こうという気がありませんでした。だから、初編の後の二編が刊行されるのは、初編の終わりの《端書》の書かれた二年後です。初編は、二十万部も売れた大ベストセラーです。それだけの読者がいるのだったら、さっさと続編の筆が執られてもいいはずですが、そうはなりません。ところが二編が書かれてしまうと、三編の出版はその翌月で、更にその翌月には四編と五編の二冊が同時に出版され、その後十一編までが月刊ペースで続きます。「初編」となるものを書いた時、「これでいいな」と福沢諭吉は思ったけれども、しばらく時間がたってから「もう少し説明をしといた方がいいな」と思ったのでしょう。だから、二編の初めに置かれた《端書》には、《さきに著《あらわ》したる一冊を初編となし、なおその意を拡《おしひろ》めてこのたびの二編を綴り、次で三、四編にも及ぶべし。》と書かれて、初編にあった《天は人の上に人を造らず人の下に人を造らずと言えり。》の部分を、《人は同等なる事》というタイトルをつけて詳述しています。

ということになると三編、四編も同じように丁寧な語り直しということになるはずですが、三編で「独立」を語り直した後で、福沢諭吉は少し違う方向に行きます。どういう方向かは、四編と同時に刊行された五編の初めには、こう書いてあります——。

《学問のすゝめは、もと民間の読本《とくほん》または小学の教授本に供《そな》えたるものなれば、初編より二編三編までも勉《つと》めて俗語を用い文章を読み易くするを趣意となしたりしが、四編に至り少しく文の体を改めて或いはむつかしき文字を用いたる処もあり。（中略）畢竟《ひっきょう》四、五の二編は、学者を相手にして論を立てしものなるゆえこの次第に及びたるなり。》

四編、五編は学者に喧嘩を売ったものだから、文章はむずかしくなっているというのですね――《世の学者は大概皆腰ぬけにてその気力は不慥《ふたしか》なれども、文字を見る眼は中々慥《たしか》にして、如何《いか》なる難文にても困る者なきゆえ、この二冊にも遠慮なく文章をむつかしく書き》

つまり、「世の学者は腰ぬけのバカ揃いだが、むずかしい文章だけは平気で読めるから、こっちもそれに合わせてむずかしく書いてやった」です。だから《これがためもと民間の読本たるべき学問のすゝめの趣意を失いしは、初学の輩《はい》に対して甚だ気の毒なれども、六編より後はまたもとの体裁に復《かえ》り、専《もっぱ》ら解し易きを主として初学の便利に供し、更に難文を用いることなかるべきが故に、看官《かんかん》この二冊をもって全部の難易を評するなかれ。》という、「ことわりの一文」がその後に続きます。「四編と五編はむずかしくなっちゃったけど、六編からは元に戻すから、読者はこの二冊で〝むずかしくなった〟なんて言わないでね」ということを、むずかしく言っています。《看官》というのは、「読者よ」という意味の中国語です。

十七編まで続いた『学問のすゝめ』は、福沢諭吉のブログをまとめたようなものです。その時々で思ったことを言います。言ってることに一貫性がないというわけではありませんが、いろいろなことがバラバラに出て来るから、まとめて読むと「はて、この本ではなにが言われているのだろう？」という気にもなってしまいます。分かりやすく書かれていても、その内容がテンコ盛りになりすぎると頭に入れるのが大変で、消化不良を起こしてしまうというようなことです。だから、十七編までを一冊の本と思って読むと、「なにを言っているのかよく分からない」にもなってしまうのです。

すべての肝はやっぱり「初編」

この明治七年の一月に刊行された五編のことわり書きの中で、福沢諭吉は《**初学の輩**》とか《**初学**》という言葉を使っています。《**初学**》は「学問を始めたばかり」ということで、《**初学の輩**》は「学問を始めたばかりの人」ですが、《**初学の輩**》と言われてどういう人を想像しますか？　このことわり書きの前の方には、《**民間の読本または小学の教授本**》という言葉も登場しますが、《**初学**》と《**小学**》は同じようなものです。

近代の日本に学校制度が始まった――というか、「新しく学校の制度を始める」という法律が公布されたのは、『学問のすゝめ』初編の刊行された明治五年二月の六カ月後である八月です。明治四年の中津市学校の創立はその以前で、小学校が明確に義務教育として位置付けられたのは、『学問のすゝめ』全十七編が完結したそのまた十年後の明治十九年です。

明治五年に「学校制度を始める」という法律が公布されたからといって、それで全国に小学校が一斉にオープンしたというわけではありません。時間をかけて少しずつ出来上がったというわけで、「明治」と改元される前に福沢諭吉の慶應義塾が出来上がってはいても、そこへ続く小、中、高という学校のステップが出来上がっていたわけではないのです。

そういう時代ですから、勉強を始めたばかりの小学生も、「自分も新時代にふさわしい学問をしたい」と思ういい年をした大人でも、みんな《**初学の輩**》で《**小学**》なのです。十七、八の青年が「新時代にふさわしい勉強をしたい」と思ったって、彼には「その学問」を分かりやすく理解するための「知識の蓄積」や「初等教育」というステップはないのです。「新しい時代」がやって来たおかげで、そこに生きている人達は全員《**初学の輩**》になってしまったのです。

「学校を作るべし」という法律が出されたって、そこで生徒を教える先生はほとんどいません。「新しい時代」になって「新しい時代にふさわしい学問をしよう」と思ったって、そう思う人達の頭の中にあるのは「旧時代の知識」だけです。『学問のすゝめ』を書く福沢諭吉が相手にしなければならなかったのは、そういう《初学の輩》でした。

　教えなければならないことは、いくらでもあります。でも、全然知らない人は、全然知らないんです。「全然知らないこと」――つまり「全然知らない考え方」を教えられて、「ああか、こうか?」と考えて自分の頭に押し込んで行きます。「それじゃ頭は疲れるだろう」ということは、すぐに分かります。福沢諭吉が『学問のすゝめ』を書いていた時代は、そういう「なんにも知らないけど、いろんなことを分かりたい」という人達がいっぱいいた時代で、福沢諭吉は「そういう人間達こそが新しい時代を創って行く」と考えていたからこそ、「分かりやすく書く」をモットーにしていたのですが、既に言いましたように、それがテンコ盛りになると分かりにくくなります。

　だから、全十七編の『学問のすゝめ』は、「明治という時代にいた福沢諭吉という人の思想を理解するための本」のようにもなってしまって、福沢諭吉が当時の人間達にストレートに伝えたかったものが、現代では伝わりにくくなっています。「内容がありすぎるから、焦点も散漫になる」です。私はそのように考えて、「福沢諭吉の言うべきことは『学問のすゝめ』の初編の中にすべて籠められているから、まずここを重要視しよう」と思います。

すべてを籠めてしまったから、《独立》の必要を説いた後の『学問のすゝめ』初編は、スピードアップのギューギュー詰めにもなるのですが、そこへ改めて戻りましょう。

輸入モノの「自由」を日本人は知っていた？

《身も独立し家も独立し天下国家も独立すべきなり。》と言った後の初編で福沢諭吉が説くのは、なんと「自由」です。

今の我々の知る「自由」は、英語のfreedomやliberty、あるいはフランス語のlibertéの訳語です。だから「自由とわがままは違う」なんてことがよく言われます。外国由来の概念だから、明治の初めの福沢諭吉にとって、これを説明するのは大変だったろう――なんてことを考えます。なにしろ読者は《初学の輩》です。ところがさにあらずで、そんなことを考えていると不思議なことが起こります。福沢諭吉は「自由」に関してこう言っているのです――。

《学問をするには分限《ぶんげん》を知ること肝要なり。人の天然生れ附《つき》は、繫《つな》がれず縛《しば》られず、一人前の男は男、一人前の女は女にて、自由自在なる者なれども、ただ自由自在とのみ唱えて分限を知らざれば我儘放蕩《わがままほうとう》に陥ること多し。即ちその分限とは、天の道理に基づき人の情

に従い、他人の妨げをなさずして我一身《いっしん》の自由を達することなり。自由と我儘との界《さかい》は、他人の妨げをなすとなさざるとの間にあり。》

　この文章で分かりにくいのは、《**分限**》という言葉が登場するところですが、それは後回しにして、この最後の《**自由と我儘との界は、他人の妨げをなすとなさざるとの間にあり。**》というところを見ると、福沢諭吉だけではなく、明治の初めの『学問のすゝめ』の読者達にとっても、「自由」という単語がもう周知のものとして通用していることが分かると思います。「自由」という単語はもう定着していて、それがどういうことかという説明はいらないのです。これはどうしたことでしょう？

　「平等」ということを説明するのに《**天は人の上に人を造らず**》と始めて、二編になっても《**人は同等なる事**》という説明をする福沢諭吉なのに、「自由」に関してはそんなに複雑かつ丁寧な説明をしません。振り返ってみれば、《**天は人の上に人を造らず**》の後に続く文章の中には、もう《**されば天より人を生ずるには、**（中略）**もって衣食住の用を達し、自由自在、互いに人の妨げをなさずして各々《おのおの》安楽にこの世を渡らしめ給うの趣意なり。**》とあります。つまり、「天が人を平等に造ったのは、人を自由に幸福に生きさせるためだ」です。「自由」に関しては、ほとんどなんの註釈もなしで通用してしまっているのです。

「自由」という言葉、あるいは「自由」という概念がこんなにも当たり前に定着しているということは、「自由民権運動」というようなものが登場する以前に、明治の初めの日本人は「自由」という概念を理解していたということになってしまうのですが、こんなこと本当でしょうか?

実は、「自由」という日本語には、古いものと新しいものとの二種類があるのです。西洋からやって来た新しい概念が「自由」と訳されると、これは漢語熟語と結びついて「自由民権」とか「自由の権利」「言論の自由」「自由平等」という、社会科の教科書に出て来るような言葉を作りますが、そういう「自由」が西洋からやって来る前の日本にも「自由」という言葉はあって、なんと彼《か》の兼好法師が『徒然草』の中で「自由」という単語を使っています。

『徒然草』の六十段は、ひたすら里芋ばっかりを食っている真乗院《しんじょういん》の盛親僧都《じょうしんそうず》という変わった坊主の話で、宗派の中では第一人者であるような立派な人なんだけれども、《世を軽く思ひたる曲者《くせもの》にてよろづ自由にして、大方《おほかた》人に従ふといふ事なし。》だったりします。

兼好法師の「自由」の使い方は、「好き勝手」であって「わがまま」です。これが日本古来の「自由」だから、福沢諭吉は《**ただ自由自在とのみ唱えて分限を知らざれば我儘放蕩に陥ること多し。**》と言って、《**自由と我儘との界は、他人の妨げをなすとなさざるとの間にあり。**》と言うのですね。

「自由とはわがままのことである」と知っていて、「でも自由とわがままは違う」という一線を福沢諭吉が引いてしまうのは、彼が近代人だからです。当然、福沢諭吉はfreedomやliberty方面の西洋的「自由」も知っていて、だからこそ「今までの〝自由〟じゃだめだ」と思うのですね。

兼好法師の使った「自由」は、それが漢字二文字の抽象概念であることからも想像出来るように、仏教系の言葉です。それは「独立して自分自身の力と責任によって存在している」という「自立」に近い意味を持っていて、だから「それは解脱《げだつ》してなにものにもとらわれない悟りの境地だ」ということになり、『徒然草』にある「なにものにもとらわれず、好き勝手」ということになります。ただ、「自由」だけだと「人のあり方、状態」を指す言葉になって使い方も限定されるので、この「自由」は「自在」という単語と一緒になって、「自由自在」という使われ方を多くします。福沢諭吉もそうですね。

「自在」というのは、仏や菩薩に備わる力で、「自在力《じざいりき》」ということになると超能力の領域に入ってしまいますが、普通は「思うがままであること」「思うままになんでも出来ること」が「自在」です。「自由」と「自在」の似たような言葉が二つ組み合わさると、「自由になんでも出来る」の「自由自在」になり、「自由自在」は「なんでも出来る能力」という意味から進んで、「なんでも出来る状態‼わがままでOK」ということになってしまうわけですね。

「自由自在」だとなんとなく重苦しいし、やっぱり昔の人にとっては仏教臭かったりもするので、これをもう少し日常的な言葉に改めると「気随気儘《きずいきまま》」という熟語になります。「気ずい気まま」だったら、もう「我がまま勝手」ですね。「そうなったらいけないよ」と言うつもりで、福沢諭吉は《自由と我儘との界は、他人の妨げをなすとなさざるとの間にあり。》の後を、こう続けます——。

《譬《たと》えば自分の金銀を費やしてなすことなれば、仮令《たと》い酒色《しゅしょく》に耽《ふけ》り放蕩を尽すも自由自在なるべきに似たれども、決して然《しか》らず、一人の放蕩は諸人の手本となり遂《つい》に世間の風俗を乱りて人の教えに妨げをなすがゆえに、その費やすところの金銀はその人のものたりともその罪許すべからず。》

「自分は金を持っているからといって、その金で酒の飲み放題、セックスのし放題であるのも〝自由〟ということになるみたいだが、そんな人間が一人でもいると、人間は影響を受けやすいから、風紀が乱れてまともな思考が流通する邪魔になる。だから、〝俺の金だからお前にゃ関係ねェだろう！〟ということにはならない」ですね。

《酒色》というのは「酒と色事（＝セックス）」のことで、この二つに重点的にはまり込んでしまうことが《放蕩》ですね。そういう《放蕩》じゃなくても、「〝自分の金でやってんだから関係ねェだろ！〟はだめ。他人に悪影響を及ぼすから」と言うのが福沢諭吉で、「他人に迷惑をかけるのがわがままで、それは自由ではない」と、今から百五十年近く前に言っています。

仏教というのは、「この煩悩まみれの自分をなんとかしたい、悟りを開きたい」というところから出ています。その中心にあるのは「自分をなんとかしたい」ですから、「人とは本来自由なものであるはずだ」という考え方は簡単に生まれて、簡単に「そうだ」という納得を生みます。

そして、「現実社会じゃそういうことは簡単に実現しないんだな」と思い、「人里離れたところに行って自分を見つめ直そう」になります。「出家」というのは、「家出をする」ではなくて、「人の家がある俗世間を離れる」ということですから、まず考えるのは、「自分のこと」です。「自分はなんとかならないかな」と、自分のあり方を見つめて行った時になにが見えなくなるのかと言えば、「他人の存在」です。そういうものから離れるために出家したわけで、お寺というものはそもそも人里から離れたところにあるものです。「比《ひ》叡山延暦寺《えいざんえんりゃくじ》」とか「金龍山浅草寺《きんりゅうざんせんそうじ》」とか、お寺の名前に「〇〇山」の山号が付いているのはだてじゃありません。平らかな町中にあっても、そこは建前として「人里離れた山の中」なのです。

そういうところで育った思想なので、仏教は簡単に「しがらみを捨ててしまいなさい」と言います。そして「人間は本来自由な存在なのです」と言われると、「他人とは関係なく自分は自由だ」になってしまいます。そういう考え方が、人里離れたお寺から人里へ還流してしまえば、もう「俺は自由だ、なんにも関係ない」の気随気儘は定着します。

「江戸時代まではそれでもよかった。でもこの先もそうだと困る」と思うのが福沢諭吉で、その彼が出して来る「自由の扱い方」が、先ほどの後回しにされた**《分限》**で、だから**《分限》**という言葉は、**《分限を知らざれば**（知らないでいると）**我儘放蕩に陥ること多し。》**というように使われます。

自由においても学問においても大切な「分限」とは

《分限》の**《分》**は「身分」の「分」です。「自分の所属する身分の限界一杯」というようなことで、つまりは「身のほどをわきまえろ」の「身のほど」で、「分際《ぶんざい》」というのも「分限」と同じです。ただ、「分限」は「分際」よりも少しいい言い方で、「分限」には財産という意味もあって、「分限者《ぶげんしゃ》」は「金持ち」の意味ですが、「分際」の方にそんな意味はありません。

ということは、**《分限》**というのは身分制度の存在を前提にした言葉で、**《天は人の上に人を造らず》**で身分制度を否定した福沢諭吉が、ここでは身分制度を「既定のもの」として認めているのか？――というようなことにもなりかねませんが、そう思ってしまうのは、今の我々が身分制度なるものからもう遠いところにいるからでしょう。

「分限」にも「分際」にも、「その人なりの能力」とか「その人に応じた程度」という意味があります。「分」はそもそも「分け前」だったり「取り分」で、「自分」というのは「自《みずか》らの分け前」で、「自分に相応の取り分がある者」です。「自分」がそういうものだから、「分限」や「分際」にも「その人なりの能力、程度」という意味が生まれて、「身分」という制度があれば、「お前はこの身分だからこの程度」という判断もしやすかったというだけです。もちろん、「町人の分際で！」というような差別も可能になりますけれど。「分限」も「分際」も、「その人に応じた能力」で「程度」です。「身分」という大雑把《おおざつぱ》なモノサシがあった時代は、「身分」によって「これがお前の程度」という測り方をしましたが、「身分」などという制度がなくなっても、「その人なりの能力」とか「その人なりの程度」というものは消えません。「身分」というモノサシを使う代わりに、「その人なり」という、より細かいモノサシを使うことになるだけです。

「分限」とか「分際」という言葉は、「身分」という考え方をはずして、そのまま「その人なりのあり方」という方向へ意味をスライドさせただけです。そして、ついこのあいだまで身分制度があったればこそ、そういうスライドが可能になって、その言葉の使い方によって、「あれ、今までの身分制的な響きとは違うな」と思うことも起こります。それが福沢諭吉が『学問のすゝめ』を書いた時代ですが、でもその逆に、現代のように身分制から遠く離れたところにいると、「その人なりのあり方」という限定があることにピンと来なくて、「身分制のなくなった時代になに言ってんだ」ということにもなってしまいます。

福沢諭吉は《分限》ということがどういうことだか知っていて、『学問のすゝめ』の読者達も当然知っていることだろうと思っているのですが、だからといって《分限》を分かりやすいものだとも思っていません。それで、**《学問をするには分限を知ること肝要なり。》**なんてことを言い出すのですが、これはとても分かりにくい一行です。**《分限》**というところに「その人なりのあり方」という言葉を当てはめてみます。すると、「学問をするにはそれぞれの自分のあり方を知ることが重要だ」ということになってしまいます。よりはっきりと「なんだか分からない」になりました。

「学問をするなら自分のあり方を知っておけ」というのは、「自分の適性を考えて学校を選べ」とか「自分の成績と相談して、程度に応じた学校を選ばなきゃだめだ」ということなのかと考えてしまうかもしれませんが、そんなことはありません。前にも言いましたが、明治時代の初めにはそんなにいろんな種類の学校がありませんから。

《学問をするには分限を知ること肝要なり。》がむずかしいのは、**《分限》**がイコール「その人のあり方」であっても、その「その人のあり方」の考え方が今とは違っているからです。**《学問をするには分限を知ること肝要なり。》**の後には、**《人の天然生れ附は、繋がれず縛られず、一人前の男は男、一人前の女は女にて、自由自在なる者なれども》**とあって、この逆接の続きが、**《ただ自由自在とのみ唱えて分限を知らざれば我儘放蕩に陥ること多し。》**です。

《分限》は「自分のあり方」ではあるのですが、ただそれだけではないのだということが、右の文章からうっすらと分かるとは思います。

《分限》はまず、**《一人前の男は男、一人前の女は女》**です。「性同一性障害の人はどうなるんだ？」と言っても、この時代にそんな考えはありませんから、言っても仕方がありません。なぜここに**《男》**と**《女》**が出て来てしまうのかと言えば、その前に**《人の天然生れ附は、繋がれず縛られず》**として、福沢諭吉が身分制度の終了を告げているからです。

「身分制度がある」ということは、人間一人一人に「身分」という所属先があることです。でも、それがなくなってしまえば、「所属先」がありません。だから**《繋がれず縛られず》**で、そういう言葉を使うということは、当然のことながら、身分制度に「他からの強制」があったということです。確かにそれはなくなってよかったのですが、そうなると人間の「所属する類」がなくなってしまいます。だから、福沢諭吉は**《一人前の男は男、一人前の女は女》**という言い方をするのです。それはつまり、「身分という所属先はなくなっても、まだ男、女という所属先はあるだろう」ということなのです。

今だと**《一人前の男は男、一人前の女は女》**という言い方をすると、「男は男であること、女は女であることに、繋がれ縛られている」という風に解釈されかねません。だからこそ「性同一性障害」という解釈も登場してしまうのですが、福沢諭吉の段階ではそんなめんどくさい話は生まれません。「外で決めつける身分はなくなった。我々は、ただ男は男であり、女は女であるというところに所属して、そういう形で自由なんだ」というだけの話です。

そして、ただそれだけの話が結構重要なのです。現在の「その人なり」は、剝き出しの「その人個人のあり方」です。しかし、福沢諭吉が使う「分限＝その人なり」だと、人はまず個人であるより先に、なにかに属していることになるのです。人を「個人」として考えるより先、人を「類の中の一人」と考えるのです。それが《**分限**》なのです。

それはつまり、「自分のあり方」ではあっても、「自分一人のあり方」ではないのです。「自分が属するのにふさわしい人間達のグループでの〝人間のあり方〟を模範とする」というのが、『学問のすゝめ』の中の《**分限**》です。「クラスのみんなはクラスのあり方に従いましょう」というようなことです。そういうおつもりで、福沢諭吉の《**分限**》に関する説明をご覧下さい。福沢諭吉はこう言っていました——。

《即ちその分限とは、天の道理に基づき人の情に従い、他人の妨げをなさずして我一身の自由を達することなり。》

「分限」を定義する三箇条

《分限》というのは「その人なりのあり方」ではあるのですが、自分で勝手に決められるものではないのですね。

「自分のあり方」は、まず**《天の道理に基づき》**でなければなりません。続いて「人のあり方を考える」である**《人の情に従い》**で、そうなると当然**《他人の妨げをなさず》**になります。つまり、「私は自由だから自分で自分のあり方を決める」というのなら、先の三箇条をクリアしてからでなければならないと言うのが、福沢諭吉なのです。

しかし**《天の道理》**なんていきなり言われたって分かりません。でも**《人の情に従い》**は、当時の人なら分かります。「そんなことしたくないな」と思っていても、「他人の感情」というものの存在を理解していれば、**《人の情に従い》**は分かるのです。そして、三箇条の中で一番分かりやすいのが**《他人の妨げをなさず》**です。他人から**《妨げ》**をされたらいやに決まっているので、**《他人の妨げ》**なんかをしない方がいいに決まっています。そしてそういうことを考えると、**《人の情に従い》**の方も「他人のあり方を考えるなんてことはしたくない」と言いにくくなります。そうなってしまえば、それがつまり**《天の道理》**なのです。

福沢諭吉の論の展開は、初めは「なんのこと?」と思えるようなことがあって、それが順を追って行くに従って「あ、こういうことか」と分かるようになり、その「分かったこと」から最初にさかのぼって行くと、「なるほど、そういうことだったんだ」と分かるような仕組になっています——そういうところがいくらでもあります。この《分限》に関する説明も同じです。

人間は、一人の頭で考えてしまうから、「自由」は簡単に「わがまま」になってしまう。そういう人間は、「自分のあり方」も自分の頭で考えて、勝手に「自分はこういうもの」と決めつけてしまいます。「でも、そんなことをしていてもどうしようもない。だから《分限》を考えろ」と、福沢諭吉は言うのですが、そうなると《分限》というものがどういうものかははっきりします。それは「自分なりの自分のあり方」であって、同時に「自分があらねばならない、と思える、自分のあり方」なのです。

そういう考え方をするためには、「剝き出しの自分一人」で考えていても出来ない。「自分が所属する類」の「あってしかるべき一員の姿」という考え方をしなければならない。——つまり「クラスの一員だからクラスのルールに従う」です。それが《分限》で、つまりは「責任ある個」ということだったりはします。

福沢諭吉は、そういう「自分」にならなきゃ、この先の日本はないなというつもりで『学問のすゝめ』を書いているのです。

第五回 自由になったらなにをする？

わがまま勝手と自由は違うよ、と念を押し…

明治の近代になる以前、福沢諭吉に言われる以前から、日本人は「自由」ということを知っていました。しかし、その「自由」は「気随気儘の好き勝手」というようなもので、西洋由来の freedom や liberty とは質の違うものです。だから、福沢諭吉は**《我儘放蕩《わがままほうとう》に陥ること多し。》**と戒め、**《自由と我儘との界《さかい》は、他人の妨げをなすとなさざるとの間にあり。》**と言って、**《分限《ぶんげん》》**という言葉を持ち出します。

《分限》は、前回にも言いましたが、「その人なりのあり方」で、「その人なりの立場の限界」です。突っ込むと分かりにくくなるのが**《分限》**だということは、前回でもうお分かりかとは思いますが、福沢諭吉は「ここを越えたらわがままになる」という境界線の意味で**《分限》**という言葉を登場させています。それはつまり「わがままとはなにか」を説明することで、でもそれをする福沢諭吉は、実のところ「じゃ、自由とはなんなのか？」という説明をしていないのです。

「自由とわがままは違う」と言って怒る人は今でもいます。「自由という言葉をはき違えて、〝なにをしても自分の勝手だろ〟という意味で使っているのは見苦しい」という、道徳的な立場で言われることが多いものです。

「自由とわがままは違う」ということが当たり前に言われるようになったのは、第二次世界大戦後のことです。締めつけのきつかった軍国主義の日本が敗れ、勝ったアメリカ軍が「自由」を持った占領軍としてやって来ます。多くの日本人は「自由がやって来た」と言って歓迎しますが、別の多くの日本人は「仕方がないな」と受け入れるだけで、歓迎なんかしません。ビクビクするだけです。なにしろそれは、敗戦で国家としての主権をなくした日本にやって来た「占領軍」なのです。だから「軍国主義の日本を民主化する」と言って、好き勝手なことをします。「忠臣蔵を見せると、戦争に敗れた日本人は復讐とか敵討ちを考えてしまうから、忠臣蔵の上演は禁止」とか、「ラジオ体操は日本人の体力を向上させるおそれがあるから、危険なのでラジオ体操禁止」とか。

アメリカの占領軍は、「古い軍国主義の日本」が復活することを恐れていたので、そちらにはプレッシャーをかけて、「新しい日本」の方は野放し状態にもなりました。「めんどくさいことを考えず、わがままでバカな日本人」が増えた方がアメリカ占領軍にとっては都合がいいはずだったので、軸足を「古い日本」に置いている人達は、アメリカ占領軍下の「自由」を苦々しく思ったりもしたのです。「自由とわがままは違う」は、その流れでずーっと言われ続けていたりもします。だから、《分限》という「自分に関する範囲、限界」を持ち出した福沢諭吉の「自由とわがままは違う」も、それと似たような道徳的な、「自由」に枷《かせ》をはめるようなものだと思われるかもしれませんが、しかし、福沢諭吉が枷をはめたのは「わがまま」の方で、「自由」の方ではありません。

福沢諭吉は、「古くから日本にあって、人にも浸透してしまっている自由は、〝わがまま勝手〟ということだが、〝自由〟というものは違うのだ」と言って、話を別の方向に進めます。どの方向に進めるのかという話をする前に、例によって「福沢諭吉が省略してしまっていること」の説明をします。

江戸時代までの「自由」は、「政治」と関係ないところにあった

福沢諭吉は、「なぜ日本の〝自由〟は〝わがまま勝手〟という意味になってしまっているのか」という説明をしません。それをしない理由は簡単で、「日本での〝自由〟は、ずっと〝わがまま勝手〟のことだったから、今更〝なぜか〟を言っても始まらない」です。

福沢諭吉の言わないことを言うと、日本に古くからある「自由」は、「現実生活から離脱したところにあるもの」で、「他人や政治とは関わらないもの」なので、結果として「わ

がまま勝手」と同じになってしまうのです。

『徒然草』の中で「自由」という言葉を当たり前のように使った兼好法師は、出家することによって「現実社会の外側」に出てしまった人で、彼に《よろづ自由にして、大方人《おほかた》に従ふといふ事なし》と書かれてしまった「里芋ばかり食っている真乗院《しんじょういん》の盛親僧都《じょうしんそうず》」も、「僧都」という高い位の坊主です。僧侶という、俗な現実社会とは無関係な立場を確保して、現実社会で身につけてしまった「窮屈な習慣」から心を解き放つのが仏教系の「自由」で、だからこそこれが現実生活に入り込んでしまったら、それが可能な人間はみんな「わがまま勝手」になります。

「それが可能な人間」というのは、生活の心配をする必要のない武士や町人で、「政治」と接触しなければ、「わがまま勝手」で平気です。ただその「勝手」が「贅沢《ぜいたく》」という方向に走ると、「江戸時代の経済秩序を乱した」ということで、お咎《とが》めにあいます。江戸時代の三大改革というのは、どれも「贅沢の禁止」を骨子としていて、「贅沢」というのは、ある限度を超すと、徳川幕府が存在する経済的基盤を揺るがせてしまうようなものだったのです。だから、限度を超えた「贅沢」——特に町人のそれは、「社会秩序を乱す」として禁止されて、「好き勝手な贅沢」は、どこかでストップがかけられてしまったのです。

余分な話をすると、明治時代になるとこの「贅沢の禁止」という歯止めがなくなってしまいます。だから、明治時代の美術工芸品はやたらの手間と金をかけた、日本美術史でも一、二を争う贅沢品揃いになってしまいます。技術の粋を集めた作品を輸出して外貨を稼ぐという目的もありましたが、「それをするのはいけないことではない」になった途端、それまで抑圧されていた分の贅沢を、日本人は表に出してしまったのです――だからで、もう一つ余分な話を加えると、贅沢が解禁されて好き放題が可能になった明治の美術工芸品は、どこか過剰で、ゴタゴタしていたりもします。

「贅沢」という項目だけは、時としてチェックの対象になりますが、それ以外のことは大体「自由」で、「封建時代の江戸時代」は「結構自由な江戸時代」でしたが、それでよかったのは、江戸時代の多くの人間が「政治」との関わりを持たされていなかったからです。江戸時代に「政治」というものは、幕府をはじめとする武士達の作る「御公儀《ごこうぎ》」というところが管轄するもので、普通の人間はこれに口出しをすることが出来ません。ただ、決められたことに従うだけで、「秩序」というものはそのことによって保たれていました。

「秩序」だけを押しつければ、押しつけられた側の欲求不満が爆発してしまう。だからそうならないためのガス抜きの策として、江戸時代には「わがまま勝手」が「自由」として許されていた。別の言い方をすれば、江戸時代の「自由」は、「お前達がバカになったままでいてくれれば、幕府の支配体制は揺るがないんだ」という、徳川幕府の愚民政策の結果だったりもするのです。

だから福沢諭吉は、「それでは困るでしょ」と言って、人に対して《**独立**》を説き、《**自由と我儘との界**》を説いて、「自由とわがままは違う」と言うのです。

「自由」+「独立」で、「自由独立」という一語がカギ

ここまでのところを整理しますと、福沢諭吉は『学問のすゝめ』初編で、「学問をして独立をしろ」と言っています。「徳川幕府もなくなり、身分制もなくなったのだから、学問をして独立しろ」です。普通だと、「徳川幕府もなくなり、身分制もなくなったので自由になった」ですませることですが、福沢諭吉はそれを素っ飛ばして「独立しろ」です。「独立」を可能にするためには、当然「学問」が必要なのだから「学問をしろ」になって、だからこその『学問のすゝめ』です。

初めは初編の部分だけで完結することになっていた『学問のすゝめ』は、つまり「読者よ独立せよ」と言う本で、前々回にも言いましたように、福沢諭吉の言う《**独立**》は、

「なにかへの依存状態からの脱出」ではなくて、「埋没状態から抜け出す」です。福沢諭吉の言う《**身も独立し家も独立し天下国家も独立すべきなり。**》という文脈からすればそう理解すべきではあろうと思いますが、ややこしいのはここに、《**自由**》がからんで来ることです。

　福沢諭吉が「徳川幕府もなくなり、身分制もなくなったので自由になった」という言い方をしない理由はもう明らかで、明治時代にならなくても「自由」はあったし、その「自由」は我々の思う「自由」とは違う「わがまま勝手」に近いものだったからです。だから《**独立**》を説いた後の福沢諭吉は「自由とわがままは違う」と言って、《**自由と我儘との界は、他人の妨げをなすとなさざるとの間にあり。**》と言います。そのことによって、「わがままとは他人に迷惑をかけることだな」と分かりますが、じゃ「他人に迷惑をかけない」である「自由」がどんなことかは分かりません。その説明を福沢諭吉はしていないのです。それをしない代わりに、福沢諭吉は《**自由**》と《**独立**》をドッキングさせて、《**自由独立**》という言葉を使い始めます。

　それまでの《**自由**》とつながる言葉は、「なんでも出来ちゃう」系の《**自在**》で、「わがまま勝手の問題点」を語る時には、《**仮令《たと》い酒色に耽《ふけ》り放蕩を尽すも自由自在なるべきに**

似たれども》と《自由自在》の語を使いましたが、今度は《自由独立》です。《仮令い酒色に耽り――》で「わがままはだめだよ」と言った後に福沢諭吉が続けるのは、《また自由独立の事は、人の一身に在るのみならず一国の上にもあることなり。》です。

福沢諭吉は、「国家のこと」と「個人のこと」を平気で同列にしてしまいます。だからこの文章もいささか分かりにくいのですが、はっきりしていることは、《独立》とペアになった《自由》は、《自在》とコンビを組んでいた《自由》とは明らかに違う、ということです。

「自由」はなければ困ります。でも、その「自由」が今まで通りのものだったら、なんの役にも立たないので、これまた困ります。だから《自由》に《独立》の語をくっつけて、「今までの《自在》とくっついていたのとは違う《自由》だよ」にしたのです。「なんでそんなめんどくさいことをしなくちゃならなかったのか?」ということもありますが、でも《独立》とドッキングすることによって、《自由》に freedom や liberty の意味が加わったことは事実で、そのことによって《独立》の中に隠されていたある意味も浮かび上がって来ました。《独立》の中に隠されていた意味というのは、私が「違う」と言っていた「なにかへの依存状態からの脱出」です。

明治五年の段階で、日本という国は独立国です。よその国に支配されているわけではありません。《家》だってそうで、《身(＝一個人)》だってなにかに支配されているわけではもうありません――なにしろ《自由》があります。だから「埋没した状態から抜け出せ、立ち上がれ」が《独立》になるのですが、ここに《自由》がくっつくと、なにかが変わって来ます。

この《自由》は当然、「わがまま勝手」の方じゃありません。でもfreedomやlibertyという政治的要素を含んだ《自由》を知らない人にとって、この《自由》がなにを意味するのかは分かりません。しかしこの《自由》は、「立ち上がれ、埋没するな」の《独立》がくっついている《自由》なのです。明治五年の日本人は「自由と独立を求めたアメリカの独立戦争」などというものをまだほとんど知りません。日本には『ワシントン』というとんでもない歌があって、それは初代アメリカ大統領ジョージ・ワシントンが兵を率いて進軍する歌ですが、出来たのは日露戦争間近の明治三十五年です。「ワシントンは立ち上がった。日本も理不尽なロシアに対して立ち上がれ」というところで出来上がった勇ましい歌ですが、そんな頃になってアメリカの独立戦争は、やっと日本人の間でポピュラーになります。だから明治五年の《自由独立》は、日本人にとってまだ馴染みのない言葉なのです。

でも、《**独立**》とつながってしまうと、その《**自由**》には「なんでも出来る」とは違うニュアンスが宿ってしまいます。つまり《**自由独立**》になると、いつの間にか「不自由から立ち上がる」という感じが生まれてしまうのです。

では、「自由」が許されていたはずの日本人は、なににおいて「不自由」だったのか？　話はもう簡単です。日本人は政治に参加出来ませんでした。政治は一部の支配者達のもので、それ以外の日本人は政治に参加出来ませんでした。その状態は、「日本人は一部の支配階級の人間に支配されていた」ですが、言い方を変えれば、「日本人は一部の支配階級に依存して、自分達に関わるはずの政治を任せっきりにしていた」にもなります。福沢諭吉の《**自由独立**》は、その政治の「他者依存を考え直せ」なのです。

「今の日本人は、昔の日本人のように〝自由気まま〟の権利を行使するだけでいいわけがない。〝政治に関わる自由〟という義務に目覚めるべきだ」と、私なりに解釈すれば、福沢諭吉は言っているのです。

福沢諭吉の言うことは、「政治に参加しろ」ではありません。「政治を意識するようにしろ、それが出来るようになれ」で、「政治に目を向けろ」です。

「新しい日本」は出来たばかりです。みんなでこれを支えなければなりません。そうでなければならないはずです。「既にある」という段階から「まだない」という状態を想像するのは結構むずかしいことですが、「徳川幕府は消滅して明治維新政府は出来上がった」と言っても、明治の初めの日本人の誰がそれに対して「はい、了解」と言ったのかは分かりません。まず、そういう「変化」を理解すること自体がむずかしいのです。

国民に政治は開かれた。だから政治に目を向けようね

なぜ江戸時代が終わって簡単に明治時代になれたかと言えば、それは最後の将軍である徳川慶喜《よしのぶ》が「私は将軍を辞めます」と言って、政治に関する実権を明治天皇の朝廷に返還してしまったからで、それがつまり、大政奉還《たいせいほうかん》です。

将軍――征夷大将軍《せいいたいしょうぐん》というポストは、朝廷に属して朝廷から授けられる（任命される）官職です。だから、「辞めます」の辞表を提出する先は、朝廷とその朝廷が戴《いただ》く天皇しかありません。しかし、その辞表を提出したと言っても、徳川慶喜には政治の中枢を去ろうという気はなく、慶喜の周辺の大名達も同じでした。慶喜が将軍職を辞任したのは、朝廷側の勢力が強くなって、そのままにしておくと、事態が徳川幕府を力で倒そうとする「討《とう》

幕《ばく》」へと進みそうだったからです。慶喜の辞任はその事態を回避するためで、だからそれは今でもよくある、「事態を回避するためにトップの交代を演じてみせる」なのです。

だから慶喜は、江戸幕府が消滅するなどということを考えていません。天皇をトップにして、その下に公家《くげ》や諸藩の大名やらが集まって、自分はその間をつなぐ議長職のようなものになることを考えていました。

しかし、明治天皇を取り巻く朝廷側は、そんなことを考えていません。慶喜が辞めたとしても、徳川方から「次の将軍」になる人物が出て来たら困ると思って、征夷大将軍というポストそのものをなくしてしまいます。徳川将軍家の領地は没収され、幕府というものも廃止、朝廷に古くからあった摂政《せっしょう》、関白《かんぱく》という天皇を補佐するポストも廃止して、神話に近い神武天皇の創業時にまで、政治のシステムを戻すということを決定してしまいます。これが大政奉還の二カ月後に起こった王政復古《おうせいふっこ》の大号令です。

将軍慶喜は「私は辞めます」ですむと思ったけれど、朝廷側は「すまないよ」で慶喜を追い出しにかかった。その後に鳥羽・伏見の戦いとかなんとかのゴタゴタがあって、翌年の秋には年号が「明治」と変わります。ゴタゴタはあったけれども、それでもすんなりと徳川幕府から明治維新へと移行してしまったのは、最後の将軍が「政治の最高責任者」であることを自分から辞めて、天皇を戴く朝廷の方が「政治権力はもともとこっちのものだから」と言ってしまったからです。だから「最初の天皇」ということになっている「神武天皇まで戻す」などというとんでもないことを、あっさりと言ってしまえるのです。江戸時代から明治時代への政権交代は、「革命」なんかではもちろんなく、「話し合い」ですらなく、「よく考えたらこうだった」という、制度解釈の変更なのです。

政治の最高責任者である征夷大将軍は、たとえて言えば「会社の一社員」なので、「辞めます」と辞表を提出して受理されれば、征夷大将軍ではなくなります。そして辞表を受理した社長が「今度は私が直々に政治の最高責任者になるよ。君はもうなんでもないからね」と言ってしまえば、征夷大将軍だった男は会社から放り出されます——そういう構図が大政奉還と王政復古なのですが、しかしここで誤解してはならないというのは、王政復古の大号令を発した時、明治天皇はまだ十五歳でした。彼を「英明な君主であらせられた」と言う人は言うかもしれませんが、その彼が十五歳だった時にどれだけのことが出来たかは疑問です。

源頼朝が鎌倉幕府を開き、朝廷側の最高権力者である後《ご》白河《しらかわ》法皇が死んで以来、天皇と朝廷は政治の実権を失っていて、天皇が政治の実権を握れた期間は、それから百四十年くらいたった「建武《けんむ》の新政」の三年ほどの間だけで、その後はずっと「武士の時代」です。天皇に実権がないのだから、朝廷にだってなんの実質もありません。ただ、征夷大将軍以下の「肩書発行所」として存在するだけです。

そういう天皇と朝廷が、「これから私達が政治をやる」と言ったって、手足となる組織がありません。でも、幕府を残しておいたら、また政治の実権を奪われることになりかねないので、これを潰してしまいます。「神武天皇の創業時に戻る」というのは、「ゼロから始めるしかない」ということです。

もちろん、十五歳の明治天皇一人ですべてを取り仕切るのは無理です。父孝明《こうめい》天皇の死によって明治天皇が天皇の座に即《つ》いたのは、大政奉還や王政復古の大号令のあったその年の初めで、彼はまだ十五歳にもなっていません。死んだ孝明天皇は、開国反対の攘夷《じょうい》派でしたが、幕府を倒そうとは考えず、妹の和宮《かずのみや》を将軍家に嫁入りさせて朝廷と幕府の間のいわゆる「公武合体《こうぶがったい》」を考えてました。そういう孝明天皇なので、彼を倒幕のシンボルにしようと考えて周囲に集まって来た人間を彼はうるさがって、朝敵にしたり蟄居《ちっきょ》を命じて遠ざけていました。だから、三十代の半ばで世を去ってしまった孝明天皇には「暗殺された」という説もあります。孝明天皇が死んで、まだ中学三年の三学期であるような明治天皇が即位し、孝明天皇から遠ざけられていた人間達が天皇の周囲に復活します。「王政復古の大号令」という策を考えた公家の岩倉具視《いわくらともみ》もその一人で、孝明天皇の死によって倒幕派が勢いづいたのですから、「暗殺」を言われても仕方がありません。

持って回った言い方ですが、私は「年若い明治天皇は倒幕派の人間達に利用された可能性がある」と言っているのです。

そうであってもしかし、制度解釈の変更によって、明治天皇は日本政治の最高責任者です――と言うより、日本政治の頂点に立つことになった明治天皇は、日本を統率する立場の人間で、誰に対しても「政治的責任を取る」などということをする必要はありません。それは、システム上そういうことになっているからなのですが、では「組織のトップ」である明治天皇以外に誰が現実政治を担当するのかというと、明治天皇の周辺にいた岩倉具視とか、一年おきくらいにＮＨＫの大河ドラマに出て来る「幕末の志士」というような人達です。

ついでに、福沢諭吉がこの幕末の騒ぎをどのように見ていたかということは、『学問のすゝめ』初編にも書いてあります――**《嘉永《かえい》年中アメリカ人渡来せしより外国交易の事始まり今日の有様に及びしことにて、開港の後も色々と議論多く、鎖国攘夷などとやかまし**

く言いし者もありしかども、その見るところ甚《はなは》だ狭く、諺《ことわざ》にいう井の底の蛙《かわず》にて、その議論取るに足らず。》です。

明治天皇のそばにいたのは《**井の底の蛙**》系の人達でもありますが、彼等だけが政治の実際を担当すると、誰かが決めたわけではありません。だから、王政復古の大号令が出された三カ月後の慶応四年三月十四日、勝海舟と西郷隆盛が江戸城開城で合意した日に京都で出された「五条誓文《ごじょうせいもん》（五箇条の御誓文）」の第一には、「広く会議を興《おこ》し万機《ばんき》公論《こうろん》に決すべし」とあります。

「万機公論に決すべし」は、「すべてをみんなの意思に諮《はか》って決めよう」です。だから「広く会議を興し」が必要になって、これに続く二番目には「上下心を一《いつ》にし盛《さかん》に経綸《けいりん》を行ふべし」です。まだ身分制が生きている段階なので「上下」という言葉が使われていますが、「上下であるようなみんなが、心を一つにして、ちゃんと国を動かして行こう（経綸を行うべし）」です。

これらの五箇条を、明治天皇は京都の朝廷の最も格式が高い政務を行う宮殿――紫宸殿《ししんでん》で「天地《てんち》神明《しんめい》」に誓ったのです。

もちろんこれは、明治天皇自身が考えたものではありません。学識のある武士が草案を作り、長州藩士だった桂小五郎こと木戸孝允《きどたかよし》達のチェックを経て、「明治天皇の誓い」として読み上げられたのです。当然のことながら、誓う相手はまだ「日本国民」なんかではありませんが、「天地神明――天地の神々に誓う」というのは、絶対である最大級の誓いです。

だからなんだと言うと、この時に「国民の政治参加」は約束されたのです。約束されただけで「どのようにして」はなく、「広く会議を興し」なんてことはすぐに平気で忘れられて、「議会開設」なんてことが問題になるのは何年も先の話です。でも、明治になるということは、「国民に政治参加の道を開く」ということで、五条誓文はこのことを神に対して誓ったものなのです。

明治天皇が五条誓文を読み上げた慶応（慶應）四年は、九月に明治と改元されますが、五条誓文の発せられた翌月の四月に、福沢諭吉が自分の私塾を「慶應義塾」と名付けます。まだ議会なんか開かれていません。政治は、明治天皇を担ぎ出した薩長《さっちょう》を中心とする旧藩士達が動かしています。でも、政治は国民に対して開かれているはずで、五条誓文はどう見たって「国民の政治参加」を前提にしています。

国民が参加する議会はまだ用意なんかされていないけれど、「国民に対して政治を開く」というのが、明治維新のスピリットです。だから福沢諭吉は「政治に目を向けろ、政治に関心を持てるようになれ」と、明治五年の段階でも言うのです。

福沢諭吉の言う《自由独立》は、「政治に関わってはいけないという制限なんかない。その制約から自由になり、独立して、政治に目を向けろ」ということなのです。

だから『学問のすゝめ』初編の終わりの方には、こういう文章があります――。

《かかる愚民（愚かで財産を使い果してしまうような人間）を支配するには、迚《とて》も道理をもって諭《さと》すべき方便なければ、ただ威をもって畏《おど》すのみ。西洋の諺に愚民の上に苛《から》き政府ありとはこの事なり。こは政府の苛きにあらず、愚民の自《みずか》ら招く災《わざわい》なり。愚民の上に苛き政府あれば、良民《りょうみん》の上には良き政府あるの理《ことわり》なり。故《ゆえ》に今、我《わが》日本国においてもこの人民ありてこの政治あるなり。仮に人民の徳義今日よりも衰えてなお無学文盲《むがくもんもう》に沈むことあらば、政府の法も今一段厳重になるべく、もしまた人民皆学問に志して物事の理を知り文明の風に赴《おもむ》くことあらば、政府の法もなおまた寛仁大度《かんじんたいど》の場合に及ぶべし。法の苛きと寛《ゆる》やかなるとは、ただ人民の徳不徳に由《よ》って自《おの》ずから加減あるのみ。》

福沢諭吉の言うことは、「その国の政治のレベルは、その国の国民のレベルに比例する」というようなことです。だから、「政治をひどいものにしないように、政治に関心を持てるようになれ。そのために虚学ではない、有効な学問をしろ」と、福沢諭吉は言うのです。二十万部を売った『学問のすゝめ』初編は、「金持ちの実業家になるために実学を学べ」と言う本ではなくて、実のところ「政治に目を向けるために学問をしろ」と言う本なのです。そういう本だからこそ、明治五年の日本で二十万部も売れたのかもしれません。なにしろ、「政治は国民に開かれている」という大原則は示されて、でも当時の国民達は「政治参加」とか「政治が具体的にどのようなものであるのか」ということを、知らなかったのですから。

国民が賢ければ、政府も賢くなると諭吉がしきりに匂わせたわけ

それにしても、福沢諭吉の言うことは、どうしてこうも分かりにくいのでしょう。と言っても、私が言うのは「言葉遣いの分かりにくさ」ではありません。

たとえば最初の方の**《ただ威をもって畏すのみ。》**の部分ですが、「脅《おど》す」ではなくて「畏《おど》す」です。福沢諭吉は、政府関係者のする「おどす」には「畏」の字を使っていますが、これは「畏《おそ》れ多い」という使い方をする文字ですから、**《威をもって畏す》**は、葵《あおい》の御紋《ごもん》の印籠《いんろう》を出して「畏れ入ったか」と言うのと同じです。また、後の方の**《寛仁大度》**

も、「(えらい人の) 心が寛《ひろ》く、よく分かって (許して) くれる」です。

福沢諭吉は、明治になって新しく登場した「政府」というものを、江戸時代的な「お殿様」のようなものと考えています。だから「いい子にしてないと怒られるよ」的な**《愚民の上に苛き政府あり》**と言い、「勉強していい子にしてれば殿様も褒めてくださるよ」的な**《政府の法もなおまた寛仁大度の場合に及ぶべし》**と言います。そうなると、福沢諭吉の言うことは、「国民の政治参加」なんかではなくて、「おとなしく政府の言うことを聞く人間になろう、そのために勉強をしよう」になってしまいます。福沢諭吉は本当に、「国民の政治参加」なんてことを言っているのでしょうか？　改めて福沢諭吉の言っていることを見てみましょう。

「実学は必要」と言った後で、**《この心得ありて後に士農工商各々その分を尽し銘々の家業を営み、身も独立し家も独立し天下国家も独立すべきなり。》**と言っています。これはどう考えても、「みんなで力を合わせて国家を盛り上げて行こう」です。その前提があるから、**《愚民の上に苛き政府あれば、良民の上には良き政府あるの理なり。》**という続きがあって、**《我日本国においてもこの人民ありてこの政治あるなり。》**が更に続きます。

この部分は明らかに「いい子にしてないとこわい目にあうよ、いい子にしてれば褒められるよ」的なものとは違います。明らかに「政府は国民が作っている。だから、政府の主体は国民だ」で、「政府のレベルは国民のレベルとイコールだ」です。

でも、「政府の主体は国民だ」と言っているのか、「そうではない。政府は国民とは関係ないところに〝政府〟として存在しているのだから、政府の主体は〝政府〟以外にない」であるのか？　後者の「政府」は昔ながらの「お殿様」と同じですが、福沢諭吉はここのところをどう言っているのでしょうか？　「分かりにくい」というのはここです。

福沢諭吉は『学問のすゝめ』初編の中で、こういうこともその以前に言っています——

《されば（身分制度もなくなったので）今より後は日本国中の人民に、生れながらその身に附《つき》たる位などと申すは先《ま》ずなき姿にて、ただその人の才徳とその居処《きょしょ》（居る場所、状況、地位）とに由《よ》って位もあるものなり。譬《たと》えば政府の官吏を粗略にせざるは当然の事なれども、こはその人の身の貴きにあらず、その人の才徳をもってその役義（役目）を勤め、国民のために貴き国法を取扱うがゆえにこれを貴ぶのみ。》

これに従えば、政府は「殿様」じゃないですね。政府の役人も「身分が高い」というのではなくて、**《国民のために貴き国法を取扱うがゆえに》**尊敬に価するわけで、どう考えてもこれは、「国家の主体は国民だ」で、だからこそ「政府の主体も国民だ」であってしかるべきです。

本当の《**苛き政府**》なら、国民が賢くあっても、無茶を通してしまいます。だから、《**苛き政府**》になってしまっていた軍国主義の日本から「自由」はなくなって、アメリカの持って来てくれた「自由」に喜んだりするのです。《**愚民の上に苛き政府あれば、良民の上には良き政府あるの理**》というのは、「国家の主体は国民だから、政府も国民のあり方に応じて対応を変える」で、つまりは「国民の政治参加」があるということです。

でも、福沢諭吉はそのことをストレートにはっきりとは言いません。だから、彼の『学問のすゝめ』が同時代の著作と比べて圧倒的に分かりやすいのは事実であっても、時々、「話が一つにつながっている」とは思えなくなって、なんだか分かりにくくなってしまうのです。

では、福沢諭吉の『学問のすゝめ』は、なぜ今の我々には分かりにくくなってしまうのでしょうか？　一つには、福沢諭吉が「政府系の人間」ではないということもありますが、今の我々にとって彼の書いた『学問のすゝめ』が分かりにくくなってしまう最大の理由は、『学問のすゝめ』が当時最大級の啓蒙《けいもう》書で、福沢諭吉自身が「近代最大の啓蒙思想家」であることによるのです。

第六回　「啓蒙」ってなんだ？

本家本元の啓蒙思想は「神との決別」から始まった

福沢諭吉が「近代日本最大の啓蒙思想家」であるのは、確かでしょう。福沢諭吉のことをちょっとでも調べれば、そういう言葉と出合います。しかし、ここで誤解してはならないのは、福沢諭吉は「啓蒙の思想家」や「啓蒙家」ではあっても、「啓蒙思想を広めた人」ではないということです。

「啓蒙思想」というのは、世界史の教科書には必ず出て来るようなものなので、知ってる人は知っていますが、十八世紀ヨーロッパで盛り上がった思想です。十七世紀末のイギリスに生まれ、フランスで大いに盛り上がって、ドイツへ行ってそれほど盛り上がらなくて、ドイツ観念主義とかマルクス主義の思想に取って代わられるようなものです。これを代表する思想家は、経験主義で有名なイギリスのロック、フランスのヴォルテールや『法の精神』を書いたモンテスキュー、最終局面ではドイツのカントもちらっと顔を出しますが、こんなものは受験用の知識で、「それなら知っている」と言ってもらえばいい程度のことです。

ヨーロッパの十八世紀は革命の時代です。アメリカの独立戦争があってフランス革命があります。啓蒙思想はこれに対する下支えの力を発揮しましたが、啓蒙思想は政治思想ではありません。政治思想から自然科学、あるいは近代小説の誕生までをその範囲とする広いもので、だからこそ「そういう啓蒙思想とは？」と問われても簡単に答は出て来ません。分かるためには、「これだけ覚えとけばいい」的な受験勉強的理解から離れなければなりません。

「啓蒙」とはなにかということを、ドイツ人の哲学者カントは、「人間が自分で招いた未成年状態から脱すること」だとして、その「未成年状態」のことを「他人の指導がなければ、自分の悟性《ごせい》（判断能力）が使えない状態」だとしています――といっても、そんなことを言う私はカントの本なんかをちゃんと読んだことがないので、正確には「だとしているそうです」です。

そういうもんなのですが、じゃその「他人の指導」がなんなのかというと、カントは「それは宗教である」と考えていたんだそうです。この場合の宗教はもちろんキリスト教で、十八世紀人間のカントは、その頃の（少なくともドイツ一帯の）人間達を、「キリスト教的な力の助けなしには、自分の頭で考えたり感じたりは出来ない」と考えていたわけですね。

マルティン・ルターの宗教改革は十六世紀初めのことで、啓蒙思想の二百年ばかり前のことですが、そういうものが「あった」ということを知る、あまりキリスト教に縁のない日本人は「それでヨーロッパの人間は宗教的に自由になったんだな」なんてことを勝手に考えますが、ルターの宗教改革はローマ教皇を頂点とするカトリック教会の支配力に対する挑戦で、その後は「自分達で新しい教会の体系を作る」という方向に進むものですから、「宗教から自由になって、宗教とは無関係になった」というわけではありません。

ただ「教会」ですんでいたものが「ローマ教会」や「カトリック（普遍的な）教会」になり、これを「旧教」とする形で、いくつもの「新教」という別派が出来て、新教対旧教の対立で宗教戦争まで始まります。この辺りが、宗教とは無縁だったり疎遠になってしまった日本人には一番分かりにくいのですが、そういうことをやるヨーロッパ人達は、「啓蒙思想」と言われるものが登場するまで、自分達の考え方や感じ方を「キリスト教が許容するガイドラインの範囲内に留めておく」ということを、当たり前のこととしていたのです。カントの言う「他人の指導がなければ自分の悟性が使えない」というのは、そういう状態です。

啓蒙思想は、「他人によって決められたガイドラインに沿って物事を考えなければならない理由なんかないじゃないか」というところから生まれます。「自分はいろんなことを経験しているはずだから、それを基にして考えるということをしてもいいはずだ」というのが、イギリスのロックの経験主義です。これが意味を持つというのは、「自分の思考する力は神様から与えられたものだから、そうそう勝手なことは考えられない」という宗教由来の経験主義を許さない背景があってのことです。

キリスト教の神は、天と地から始まって、人間に至るまで、さまざまなものを創っています。である以上、人間は神様の影響力の外には出られなくて、自分の頭でものを考えるためには「神様から自由になる」ということが必要になります。啓蒙思想の中に「自然科学の思想」が含まれるのも、「〝すべては神様の創ったもの〟かもしれないが、宇宙から始まってそこら辺の石ころや木の葉っぱ一枚にだって、それがそのように存在している合理的な理由はあるはずだ」という考え方が必要だからです。つまり、「神様とは別に、人間は自由にものを考えてもいいはずだ」です。

だから、「人間も、神様由来ではない人間オリジナルの存在であっていいはずだ」というところから近代小説も誕生するのですが、啓蒙思想が最も爆発的に存在してしまうのは、「政治」という局面です。

ヨーロッパの政治とキリスト教の関係を最も簡単に説明するのは、王様の戴冠式《たいかん》です。王様の頭の上に王冠をのっけるのは、その国の宗教界のトップです。つまり、王様はキリスト教の神から「王様としての正当性」を授けられるのです。その頃のヨーロッパで言われる、王様の力を絶対化した王権神授説《おうけんしんじゅ》というのはこれです。

「王様の力は神様に保障されている」になって、王様は好き勝手なことをします。これを「迷惑だ」と思う国民は、「王様の力が神と結びついているなんてことは、嘘だ」ということを理性的に説明しようとして、それが啓蒙思想になるのです。

だから、「王様のものになっている国家とはなんだ?」とか、「王様と法律と我々の関係はどんなもんだ?」ということを考えます。十八世紀のヨーロッパは啓蒙思想の時代で、同時にまた「理性の時代」と言われます。「神様に由来するもの、神様のしたこと」で全部を一まとめにして曖昧《あいまい》なままにしておいたものを、合理的に説明し直そうとしていた時代だからです。

そのような形で「神様」の影響力から離れようとするのが「近代の始まり」だったりはするのですが、「神様のしたことをすべて説明する」という初期設定が、現代の今になってもまだ生きていたりするので、科学の方では「なんでそんなめんどくさくて細かい、なんの役に立つのかよく分からない研究をするのですか？」ということにもなって、それもつまりは「すべては神様のしたことの一パーツ」だからなのですね。

啓蒙思想の広がり方は英・仏・独それぞれ

啓蒙思想は「神様がらみ」のキリスト教圏の話なので日本人には分かりにくいのですが、分かりやすいチャンネルもあります。それは、「啓蒙思想がイギリスで生まれて、生まれはしたけれどもそんなに盛り上がらず、フランスに渡って大盛り上がりになり、次にドイツにも渡ったけれど、それほどはやらなかったのはなぜか？」と考えることです。

イギリスでは十七世紀の終わり頃に名誉革命という無血《むけつ》革命が起こって、議会が王様の力に制限を加えることに成功していました。だから、啓蒙思想が出て来ても、「なるほどね」「そうだよね」で簡単にすんでしまったのです。

イギリスではその前に、ヘンリー八世という王様が自分の離婚を認めないローマ教会と絶縁して、イギリス国教会というものを作っていました。「神様の力」というのは、「神様に従えと言うローマ教会の力」でもありますから、「そんなの知らない」と言って自分で作ったイギリス国教会のトップに王様自身がなってしまえば、もうそのわがままな王様の力に制限を加えるだけで、国民の方は安心になるわけです。

一方、フランスはまだカトリックの国で、王様や教会の力は強大です。これに対抗する国民の側としては、「そんな勝手なことをしていていい根拠なんかない！」という論理を理性的に積み上げなければなりません。だからフランスには啓蒙思想が必要で、それを必要とする国民が「市民」でした。「市民」というのは、王様や貴族や僧侶ではなく、彼等の経済基盤を支える農民でもない、都市に住む「普通の人」です。日本の江戸時代では「町人」に当たるような人達ですが、その「市民」が蜂起して不要な王様を処刑してしまうのが一七八九年に始まるフランス革命で、だからこそこの革命を「市民革命」と言います。

英語で啓蒙思想のことを「光が照らす哲学《エンライトンメント》」と言い、フランス語では「光《リュミエール》の哲学」と言います。光を当てて「みんな目を覚ませ！」という下支えがあったからフランス革命は実現して、その少し前のアメリカ独立戦争も同じように成功したのですが、同じ十八世紀のドイツには、まだ「市民」と言われるような国民がろくに存在しませんでした。そんなこと以前に、「ドイツ」という国がまだ存在していませんでした。

統一国家である「ドイツ帝国」が出来上がったのは、明治維新の三年後の一八七一年で、ルターの宗教改革が起こったドイツは、いろんな王様や諸侯が混在する「ドイツ連邦」のままでした。十八世紀のドイツはまだ十分に近代化されていなくて、「市民」と言われる人達もそんなにいなかったので、啓蒙思想が政治などの実際的な方面にはあまり作用せず、考える人のエネルギーは、ただひたすらに思考をすることで難解になってしまう「ドイツ観念哲学」という方向へ進むのです。

「説明」というものの中には、「ちゃんと説明しようと思うと、その説明が長くなって、なんのための説明か分からなくなってしまう」という性格もありますが、ここらで遠くへ行ってしまったものを少し元に戻してみましょう。

輸入した啓蒙思想は行方不明になったけれども

近代になって、日本にも啓蒙思想は入って来ました。でも、キリスト教の存在を前提にした啓蒙思想は、要所要所でキリスト教とは無縁の日本人には分かりにくくなります。それで「キリスト教が分からなければヨーロッパは分からない」ということになって、「光が照らす」という役に立つはずのものが、どこかで「ヨーロッパを分かる」「キリスト教を分かる」という、「それを分かってどうなるの？」という方向へ進んでしまいます。

ドイツよりは「町人」がいっぱいいたはずの日本でも、啓蒙思想はあんまり役に立たなくなって、「次の中から啓蒙思想家を二人選びなさい」というような試験問題風の理解で終わってしまうことになるのです。

日本はキリスト教の文化圏ではないので、ここに啓蒙思想を持ち込んだって役には立ちません。少なくとも『学問のすゝめ』初編が刊行された段階で、日本にキリスト教の信者は（表向き）いません。いたら逮捕されます。キリスト教の土壌がないところでヨーロッパの啓蒙思想は役に立たないのですから、福沢諭吉は「啓蒙思想の人」ではありません。「啓蒙の思想家」が縮んだ「啓蒙思想家」で、「啓蒙家」です。だから「福沢諭吉はなにを言いたがっているのだろうか？」がはっきりしないのです。

《愚民の上に苛《から》き政府あれば、良民の上には良き政府あるの理《ことわり》》と言って、それはつまり「国家の主体は国民だから、政治参加の必要に目覚めろ」ということであるはずなのですが、でもそんなことをはっきりとは言いません。「ああだ、こうだ」と考え詰めれば、そういうことを言ってるようには思えるはずなのですが、「ああだ、こうだ」を考えなければ、その答は出て来ません。それはどうしてかと言えば、福沢諭吉が「啓蒙思想の人」ではないからです。

ヨーロッパの啓蒙思想には、広く浸透してしまったキリスト教の影響力という「敵」がいます。「敵」がいる以上、その攻め方も明確になって、論点やその方向もはっきりします。でも、明治五年初頭段階の福沢諭吉には、その「敵」がいないのです。だから、『学問のすゝめ』で彼の言う《独立》は、「なにかへの依存状態からの脱出」ではなくて、「ただ埋没しているその状態からの脱出」なのです。カントが言うような、「自分の悟性を使えなくさせている他人の指導」というものもないのです。

「日本人の自由を奪っていた」と言いたい人は言うかもしれない徳川幕府は、もう存在しなくなっています。やがては「新たな敵」として姿を現して来るかもしれない明治維新政府だって、まだ出来たばかりでそうそう大きな力を持っていません。言ってみれば、福沢諭吉が『学問のすゝめ』を書き始めた明治の初頭は、「なにもない焼け跡」と同じような状態だったのです。

徳川幕府がなくなって「新しい時代」は来たけれど、その新しい時代はけっこう「平穏」なままで、同時に「なにをしたらいいのか分からない」という状態でした。だからこそそこに、「啓蒙」というものがいるのです。

まっさらな近代日本に必要とされた「啓蒙」とは

「啓蒙」というのは、「蒙ヲ啓《ひら》ク」という漢文由来の言葉で、「蒙」というのは「暗い」ということです。それがなんで草冠の漢字なのかというと、これが深い森の奥の針葉樹の枝なんかにくっついてヴェールのように垂れ下がるサルオガセという苔類なんかに近い地衣植物を表す漢字だからです。

「視野が暗い」という状態が「蒙」で、これは「目が悪いから」ではありません。「知識がなくて頭がカルティヴェイトされていない状態だから視界が暗い」です。もっと簡単に言えば、「目じゃなくて頭が悪いから、視界が暗い」です。この暗い状態を「啓く」だから「啓蒙」で、なるほど「光を当てて照らす」です。

「啓蒙」に似たような言葉で「啓発」があります。「蒙」は「バカ」ですが、「発」は「弓を射ること」で、つまりは「当たってなにかが生まれる」です。「啓」は「開く」で「発」は「当たり」ですから、「開いて分かった」です。「啓発」は「すぐ分かる」の人で、バカじゃなくてもOKです。それで、「自己啓発本」と言って、「自己啓蒙本」とは言わないのでしょう。自分を「バカ」という前提に立たせるのは、いやなもんなんでしょうね。

でも、江戸時代が終わった明治の初めは、日本人のほとんど全員が「蒙」です。「新しい時代」はやって来たけれど、なにが「新しい」のかは分からない。全員がグリーンのサルオガセのヴェールが一面に垂れ下がった森の中に入ったみたいで、なにがなんだか分かりません。「なにが分からないのか」ということ自体も「分からない」――それを克服するためには、西洋人になるしかない。本場の西洋へ行って西洋人に学ぶか、西洋人を教師として雇うしかない。カントが否定的な意味で使った「他人の指導」の必要がここに生まれてしまいます。

「分からないことを人に聞く」というのは悪いことではないけれど、「指導者」に依存している限り「未成年状態」から脱することは出来ません。だから、「光が照らす」の「啓蒙」は必要なのです。福沢諭吉の「啓蒙」は、スタートするのだったら、そこからしかスタートしません。

「なにが分からないのかさえもよく分からない」状態は、どうすれば打開出来るのか？どうすればその視界が暗い「蒙」状態は啓けるのか？

福沢諭吉の答は簡単です。「勉強すればいいじゃないか」です。だから『学問のすゝめ』です。「すゝめ」ているだけで、「学問をせよ」と命令はしていませんね。そこで命令したら「指導者」になってしまいます。

別にカントを持ち出さなくても、日本人は「一人前にならなきゃだめだ」を、常識として分かっています。「教えてくれる先生は大事だけれど、いつまでも先生に依存したままじゃ一人前じゃない」ということも、分かるところでは分かっています。江戸時代では、「依存状態から脱して一人前になること」を「独立＝独り立ち」と言いました。でも、もう「依存」ということを可能にしてくれるものがない、焼け跡状態です。なにもない埋没状態から、自分の力で立ち上がらなければなりません。じゃ、どうしたらいいのでしょう？

「勉強したらいいでしょ」で、だからこその『学問のすゝめ』です。

「なにをどうしたらいいのでしょう」という困った問いに、諭吉は答えた

福沢諭吉は読者に命令をしない人で、読者になにかを押しつけるようなシチュエーションでは、「べし」という助動詞を使います。

「べからず」や「べかるべし」になってしまうと、「べし」は「強い命令を表す助動詞」になってしまいますが、古文の「べし」は、まず第一に「確信のある推量」という、「そう言ってしまえばむずかしいもの」です。

「確信のある推量」というのは、分かりやすく言えば「きっとそうだろう」ということで、だからこそ「べし」は「こうすればいいんじゃないですか？」という勧誘の意味をもって使われ、それが強くなってしまうと、「べからず」や「べかるべし」の「命令」になるのです。

『学問のすゝめ』というタイトルをつけている以上、福沢諭吉が要所要所で使う「べし」――その活用形の「べき」は、「こうした方がいい」の勧誘で、《**専《もっぱ》ら勤《いそし》むべきは人間普通日用に近き実学なり。**》といった具合です。これがもっと強く「べきなり」という形になっても、「こうした方がいいのである！」と大声で勧誘を叫んでいるだけで、「命令」になってはいません――たとえば《**近く物事の道理を求めて今日の用を達すべきなり。**（近いところに物事の道理を引き寄せて、今の目的を達する方がいいのである！）》とか。

そういう福沢諭吉の行き届いた言葉遣いはとても立派で、「分かりやすく書く」をする以上、「命令して押し込んで分からせる」という態度を取らないのです。

それで、少し元に戻りますが、「なにが分からないのか分からない」になっている人の「どうしたらいいでしょう？」の答は、「勉強したらいいでしょう」という、漠然とした勧誘にしかならないわけです。

そう言われた人が、「分かりました。勉強します」と言って、「それでなにを学べばいいんでしょう？　なにをテキストにすればいいんですか？」と言っても、福沢諭吉は「命令をしない人」で、そもそも彼の時代そのものが「なにが分からないかが分からない」状態になっていますから、『この一冊を読めばなにをどうすればいいのか全部わかる』というタイトルの本なんかはありません。

　だから、「ともかくなんでもいいから、稽古をしたり、本を読んだりするしかないでしょう」です。「その大雑把さはなんなんですか？」という疑問が出るのは決まっているから、その前に「あなたが〝学問〟だと思っていたり今でもまだ思っているものは、もう役に立たないのですよ」という意味で、**《学問とは、ただむつかしき字を知り、解し難き古文を読み、和歌を楽しみ、詩を作るなど、世上《せじょう》に実のなき文学を言うにあらず。》**と、きっぱりした否定があるのです。だから、「そういう〝学問〟はもう役に立たなくて、学問に価するものではないから、今までの学問とは違う〝実学〟を学ぶべきです」と続くわけですね。

　そうすれば当然、「実学のなにを学べばいいのですか、お薦めの実学のテキストを教えて下さい」になったりするはずですが、そうなっても福沢諭吉はやっぱり、その時代に存在しない『この一冊であなたも実学がわかる』という本なんかを挙げません。《**専ら勤むべきは人間普通日用に近き実学なり。**》と言って、《**いろは四十七文字を習い**》という、となんでもなく低いところにスタートラインを設定して、《**なおまた進んで学ぶべき箇条は甚だ多し。**》として、「その先にはこういう学問があるのですよ」と、《**地理学**》以下《**究理学（物理学）**》《**歴史**》《**経済学**》《**修身学**》という「五つの科目紹介」が続きます。

それは本当に「紹介」だけで、後は「各人はそれぞれになされればよろしいでしょう」で終わってしまいます──《**これらの学問をするに、いずれも西洋の翻訳書を取調べ、大抵の事は日本の仮名にて用を便じ、或いは年少にして文才ある者へは横文字をも読ませ、一科一学も実事を押え、その事に就《つ》きその物に従い、近く物事の道理を求めて今日の用を達すべきなり。**》です。

この部分は以前に引用したところですが、改めて見てみると、かなり不親切です。結局のところ、「自分でなんとかすればいいのである！」です。すごく強く勧誘の声を大きくしているのですが、「どの学科を選んでどう勉強すればいいのか」なんてことがなんにも書いてありません。しかも、最初は初編しか書く予定のなかった『学問のすゝめ』で、ストレートに学問を勧めているのはここの部分だけなのです。

なぜそうなるのかと言えば、これが「啓蒙の本」だからです。「なにが分からないのかさえもよく分からない」という「蒙」の状態にあるからこそ、「啓蒙」が必要で、「なんにも分からないのなら、なんでもいいから、とりあえず〝分かる〟と思う、自分に必要なものから学びなさい」にしかならないはずです。「〝自分になにが必要なのか〟は、あなたが自分で考えて決めなさい」だから、最初の最初の**《いろは四十七文字を習い》**からスタートして、その先は**《なおまた進んで学ぶべき箇条は甚だ多し》**だけです。

《甚だ多し》のその全部を学べとは言っていませんね。文章の上では略されていますが、「その**《甚だ多し》**の**《箇条》**にどういうものがあるかを紹介しておきましょう」ということがあって、**《地理学とは》**という紹介に続きます。福沢諭吉が紹介するのは五科目だけですが、だからといって福沢諭吉は「この五科目が実学のすべてだ」と言ってもいません。

《究理学》はあっても、ここには「化学」とか「生物学」はありません。今となってはパッとしなくなってしまいましたが「博物学」というのもかつては盛んで、だからこそ博物館というものは作られたのですが、それもありません。もっと大きく欠けているのは「法学」です。啓蒙思想家のモンテスキューは『法の精神』を書いたのですが、『学問のすゝめ』の初編に「法学」という言葉は存在しません。それも当然かもしれないというのは、明治五年頃の日本に「法律」の「法」はなかったのです。政治とは関係のない「なになにの方法」という意味での「法」があるだけです。なにしろ、法律というものは議会があってそこで決めるもので、だからこそ議会を「立法府＝法律を作る場」と言うのですが、日本にはまだ「議会」がないのです。

当時の日本で「法律」に該当するものは、「令」とか「条例」と言われるもので、政府が「こうしなさい」と命令するものです。政府というのは、政治を行う「行政府」のことで、立法府とは違います。そこがどんどん「法律」であるような命令を作っているのですが、「それはへんじゃないか」と言えるだけの理解が、日本人にはまだありません。モンテスキューの『法の精神』は、このことを「へんじゃないか」と言って、司法、立法、行政の三権分立を説くものですが、たとえその翻訳が出たとしたって、明治五年の日本人には「なにがなんだか分からない」でしょう。

立法府というものが存在しなくて、それが「なんとなくおかしい」と感じられるようになった時に、「そういうことか！」と思ってモンテスキューの三権分立はやっと人の理解の範囲になるのです。明治五年の日本人に、まだ「法学」は無理です。

そして、ないと言えば、福沢諭吉の挙げる実学の科目に「国語」もありません。**《手紙の文言》**を心得ることも実学だと言ってはいますが、福沢諭吉以外の日本人には「むずかしいことを分かりやすく説明する」ということがまだ出来ません。たとえばの話、さっき言った助動詞「べし」の使い方で、当時の日本人は「むずかしい文章」や「風雅な文章」を書いてはいても、「分かりやすい文章」が書けないのです。言文一致体はあと十五年ばかりたたないと登場しません。「国語」という実学はなく、当時の**《学問》**の別名であった**《実のなき文学》**だけがあるのです。

「国語」という実学を成立させるためには、**《実のなき文学》**の中に入って行って勉強しなければなりませんが、福沢諭吉が挙げる「実学の科目」の中に、それは入っていません。別に私は「入っていない」と言って福沢諭吉を批判しているわけではなくて、「実学が五科目しか挙げられていないことをどう思いますか?」と言いたがっているだけです。

明治初めはみんなが〝蒙〟。そこから立ち上がるのに必要なのが…

『学問のすゝめ』の中で「実学の科目」が五つしか挙げられていないのは、別にどうということもありません。なにしろ『学問のすゝめ』は『学問のすゝめ』であって、『実学のすゝめ』ではないからです。福沢諭吉が「実学を学びなさい」と言うのは、実のところ「あなたの学ぶことを実のあるものとしなさい」なのです。

　彼が「実学を学びなさいよ」と言っているのは、多くの人が「実学」とか「実学を学ぶ」ということがどういうことか知らないでいるからです。その点で、「実学を学ぶ」ということだけが『学問のすゝめ』の目的ではありません。目的はなにかと言ったら、まず「あなた達は〝蒙〟ですね」と教えることで、その先に「〝蒙〟から立ち上がるのに必要なのは、勉強ですよ」と教えることです。

　そして、ただ「教える」で終わらせてしまうと、いつまでも「他人の指導を必要とする未成年」と同じになってしまうから、「自分で考えられるようになれなきゃ困りますね」と、もう一方で言っているのです。だから、**《愚民の上に苛《から》き政府あり》**という西洋のことわざを持ち出して「困るでしょ？」と言うのです。

「自分の頭で考えられるようになる」ということは、自分がなにを必要としているのかを自分で探り当てられるようになる——その必要を実感出来るようになるということです。だから**《なおまた進んで学ぶべき箇条は甚だ多し。》**になります。人は千差万別で、なにを知りたいのか、なにを分かりたいのかはそれぞれに違う。だったらそれに対応して、学問の科目だって多くなるだろう。今「実学」と思われていないものだって、その内に「必須の実学」になるかもしれない。「学問というものはそういうものだから、決まりきった〝実学の範囲〟にこだわっていてはいけない。そこにこだわっていたら実のない〝文学〟だけを学問とする江戸時代に戻ってしまう」です。

「福沢諭吉はそんなことを言っているのですか？」と問われたら、私はまともに答えません。「『学問のすゝめ』を読んでいると、〝そういうことも言えるな〟と思える」と答えます。福沢諭吉の『学問のすゝめ』の記述の仕方は飛び飛びで、「それでどうなるんだろう？」と思っていると、「違うところ」へ平気で飛んでしまいます。飛んで、平気でいるから、これを読む方は、「――ということはどういうことなんだろう？」と考えます。それを考えなければ、上っ面の断片で終わりです。つまり、『学問のすゝめ』は、読む側に考えさせる本なのです。

だから、『学問のすゝめ』は明快には教えません。ある所まで「分かった」と思っても、その次のつながり方がよく分からないから、考えざるをえないのです。「むずかしい文章」ではなく、「分かりやすい文章」であるからこそ、「あれ、なんか分からないな？――」が見えて来て、考えざるをえなくなるのです。そうさせるのが、「蒙を啓く」の啓蒙です。それを意図的にやったのか、それとも結果として「読者に考えさせる」になったのかは、私には分かりません。でも、福沢諭吉の『学問のすゝめ』が啓蒙の本になっていることだけは確かです。

繰り返しにもなりますが、福沢諭吉は「啓蒙思想の人」ではなく、『学問のすゝめ』も「啓蒙思想を分かりやすく説く本」ではありません。「あなたは、なんにも知らない蒙《バカ》でしょう？」ということを前提にして、そのことを教えてくれる本なのです。

今の時代に一番分かりにくいのは「啓蒙」かもしれません。「啓蒙」というのは、「蒙《バカ》」がいなければ成立しません。でも今の人は、自分が「蒙」であるなんてことを認めたがりません。「啓蒙」の匂いがすると、「自分はバカ扱いされている」と感じてしまいます。

もちろん、そう感じるのは正解なのです。「啓蒙」に向き合ってしまったら、その時にあなたはもう「蒙《バカ》」なのです。

人はどんなシチュエーションで「蒙」になるのかは分かりません。いつだって「蒙」になってしまう可能性はあるのです。そして、困ったことに、それを認めるのがいやなのです。だから、「啓蒙」をしようとする相手に対して、「上から目線のいやな奴」という拒絶をしようとします。しかし残念ながら、「蒙」を相手にする啓蒙が、「上から目線」と思われてしまうのは仕方のないことで、啓蒙の対象になってしまう人が「上から目線」を拒絶したくなってしまうのも、自分が「蒙」になってしまっていることを認めたくないだけの話です。

だから「上から目線でものを言っているだけで、はっきりした指針を示さない」なんていう不満を言ったりもします。そういう人は、「バカな自分に分かるような命令」だけを受け入れて、「自分が〝気に入った〟と思う命令」に対しては「命令」と思わず、「自分の考えで選び取った」と思うのです。

「啓蒙」は、いつなん時あなたを「蒙」にしてしまうのか分からないもので、福沢諭吉が『学問のすゝめ』を書いた時代には、日本人の九十九%が「蒙」でした。そこに「分かりやすい説明」をしていたら、日本人はいつまでたっても、「従順で他人の指導を受け入れて、指導をしてもらえないと〝不親切だ〟と言って怒る未成年状態」から抜け出せないままです。

『学問のすゝめ』を読むということは、書いてあることを読むだけではなく、「福沢諭吉はここでなにを言いたいんだろう?」と考えながら、喰らいついて行くことです。なにしろ、啓蒙書である『学問のすゝめ』を読む時、私達はもう「蒙」になっているのですから。

第七回
敵がようやく姿を現す

初めは諭吉も、明るく将来を説いていた

福沢諭吉は「啓蒙の思想家」で、「啓蒙の人」です。

江戸時代が終わって、「明治」という新しい時代になったけれども、じゃ、その「新しい時代」がどういう時代なのかは、ほとんどの日本人に分かりません。そこにマスメディアが存在していたら、鳥羽・伏見の戦争の中継があったり、「こちらは江戸高輪の薩摩《さつま》藩邸前です。ただいま中では、西郷隆盛、勝海舟両氏による、江戸城明け渡しに関する協議が行われている模様です」という現場レポートなんかがあって、年号が「明治」と改められる日には、「いよいよ今日から新しい時代のスタートです！」と叫ぶレポーターの背後の夜空には、盛大に花火が打ち上げられて、ホントは「新しい時代が来たってェのは、なんのことだ？」と思っていても、「めでてェらしいから騒いじまえ！」という群衆がいっぱいいたりしたのかもしれませんが、もちろん、そういうものは存在しません。

渋谷のスクランブル交差点も、新橋のＳＬ広場も存在しなくて、マスメディアも存在しません。明治政府は、明治二年の二月まで、無許可の出版物発行を禁止していたので、明治の初めには薄いパンフレット形式の、部数だってそう多くはない「新聞」だって、ろく

に存在しません。そういう中で「新しい時代が来た」と言われたって、「そりゃなんのことかい?」です。

圧倒的多数の日本人がよく分かってなくて、「よく分かんないけど大騒ぎしてるからノっちゃおぜ」ということを可能にする情報さえもないのですから、「新しい時代」に関してほとんどの日本人は「蒙」で、だからこそこれを啓《ひら》く啓蒙の書物は必要で、福沢諭吉の『学問のすゝめ』は二十万部のベストセラーにもなったのですが、しかし、その啓蒙を必要とする普通の日本人のために分かりやすく書かれたはずの『学問のすゝめ』には、よく分からない部分がところどころにあります。

前回の私は、その『学問のすゝめ』に「よく分からないところ」が存在する理由を、「読者が自分の頭でそこのところを考えるようにするため」と言いました。「いつまでも、人の指導や命令に頼っているような未成年状態のままじゃだめだから、指導者抜きで自分の頭だけで考えられるように、記述が飛び飛びになっていて、それだから分かりにくい」と。そう言ったことを「間違えた」とは思いませんが、福沢諭吉の『学問のすゝめ』が分かりにくくなっているのは、そういうめんどくさい親切心のせいだけではありません——そのはずです。

『学問のすゝめ』の初編を書く福沢諭吉は、明らかになにかを曖昧《あいまい》にしていて、だからこそこれを読むと、「分かりはするんだけど、〝分かった〟というつもりで読み進んで行く内に、〝なんだかよく分からない〟と思えるものが生まれてしまっている」というようなへんな気がするのです。

福沢諭吉は、今の我々の目からすると、なにかをぼやかしていますが、その「なにか」は「明治維新政府のあり方と国民の関係」というものです。

人民はよき国民になれ、政府にも慈悲心がある。と、まとめるはずが

繰り返しになりますが、その初編で福沢諭吉は、《かかる愚民を支配するには、迚《とて》も道理をもって諭《さと》すべき方便なければ、ただ威をもって畏《おど》すのみ。西洋の諺《ことわざ》に愚民の上に苛《から》き政府ありとはこの事なり。》と言っています。

彼の言う《愚民》とは、《身に才徳を備えんとするには物事の理《ことわり》を知らざるべからず。物事の理を知らんとするには字を学ばざるべからず。これ即ち学問の急務なる訳《わけ》なり。》ということを理解しない、前時代の常識の中にすっぽりとはまり込んでいる人達のことです。

どうして「学問の必要」を理解しなければならないのかというと、その前にある**《前条に言える通り、人の一身も一国も、天の道理に基づきて不羈《ふき》自由なるものなれば、もしこの一国の自由を妨げんとする者あらば世界万国を敵とするも恐るるに足らず、この一身の自由を妨げんとする者あらば政府の官吏も憚《はばか》るに足らず。ましてこのごろは四民同等の基本も立ちしことなれば、何《いず》れも安心いたし、ただ天理に従って存分に事をなすべし》**という、「新しい時代」が来てしまっているからですね。

「自分はもっとどうにかなってもいい」という時代が来ているのに、君はバカなままでもいいのか？――です。

そういう「新しい時代」が来てしまっているから、相変わらず江戸時代的な身分意識はあるけれども、**《農工商の三民はその身分以前に百倍し、やがて士族と肩を並ぶるの勢いに至り、今日にても三民の内に人物あれば政府の上に採用せらるべき道既に開けたることなれば、よくその身分を顧み、我身分を重きものと思い、卑劣の所行あるべからず。》**なのです。「江戸時代には、武士以外の人間が幕府のメンバーになることはありえなかったが、今ではもう違う」で、**《政府の上に採用せらるべき道》**とは、官僚になることです。

この『学問のすゝめ』初編を書く福沢諭吉は、その当時の日本人の中に古い身分制度の意識がまだ残っていることを前提にして、「それを意識して鬱屈《うつくつ》するな、既に道は開かれているのだから、それを理解せず愚かになるな」と言っているのですが、彼の言う《愚民》はここから出て来ます。だから、《卑劣の所行あるべからず。》に続けて、《凡《およ》そ世の中に無知文盲《もんもう》の民ほど憐《あわ》れむべくまた悪《にく》むべきものはあらず。》として、「うっかりすると、諸君等もこうだよ」という《愚民》の具体例を挙げます。

《智恵なきの極《きわみ》は恥を知らざるに至り、己が無智をもって貧究《ひんきゅう》に陥り飢寒《きかん》に迫るときは、己が身を罪せずして妄《みだり》に傍《かたわら》の富める人を怨《うら》み、甚《はなは》だしきは徒党を結び強訴《ごうそ》一揆《いっき》などとて乱《らん》妨《ぼう》に及ぶことあり。》というのは、「前時代的な愚かさを持ったまま貧しさの中に埋没しているとどうなるか」という例で、これに続いては、「前時代的な豊かさの中に埋没している人達」の例です。

「社会の規制に従って自分のポジションを確保し、事業も順調に営んでいるけれど、それが〝自分に都合のいいところだけは守る〟になっているから、私欲のためにはこれを平気で破ってしまう」――《天下の法度《はっと》を頼みてその身の安全を保ちその家の渡世《とせい》をいたしながら、その頼むところのみを頼みて、己が私欲のためにはまたこれを破る》それを《前後不都合の次第ならずや。》と言って、更に《たまたま身本慥《みもとたしか》にして相応の身代《しんだい》ある者も、

金銭を貯《たくわ》うることを知りて子孫を教うることを知らず。教えざる子孫なればその愚なるもまた怪しむに足らず。遂《つい》には遊惰《ゆうだ》放蕩《ほうとう》に流れ、先祖の家督《かとく》をも一朝《いっちょう》の煙となす者少なからず。》と言います。後の方は簡単で、「親が金儲けばかり考えて子供にまともな教育をしないと、子供はバカになってその家はおしまいだ」です。

《智恵なきの極は恥を知らざるに至り》というのは、いきなり街頭でテレビカメラとマイクを向けられ、「○○って知ってますか?」と尋ねられた時に、知りもしないことをペラペラと平気ででたらめに喋って、一人で勝手にうけてゲラゲラ笑っているような人達で、そういう**《愚民》**が増えると、政府は平気で無茶な法案を通してしまう——だから、国民は頭がよくなって、政府のすることを監視していなければならない、なんていうことを、福沢諭吉は言ったりしてはいないのです。

《愚民の上に苛き政府あれば、良民の上には良き政府あるの理なり。》と福沢諭吉の言うことは、「国民は頭がよくなって政府のやることをちゃんと見ていて、ひいては自分から進んで政治参加をするようにならなければならない」という民主政治への道を説いているように思えますが、実はそんなことありません。

福沢諭吉は、「勉強してよき国民になれ」と言っているだけです。**《愚民の上に苛き政府**

あり》というのは、「いい子にしてないとこわい人が来るよ」という、幼い子に対する脅しみたいなもので、福沢諭吉は『学問のすゝめ』の初編の中で、「新しい時代にふさわしい国民のモラル」を説いているのです。

だから、貧しさの末に**《傍の富める人を怨み、甚だしきは徒党を結び強訴一揆などとて乱妨に及ぶことあり。》**と言った後で、**《恥を知らざるとや言わん、法を恐れずとや言わん。》**と、口を極めて非難しています。

これは、「今はもう新しい時代なので、世の中はひどくならない。政府もひどいことをしないはずだから、あなたが貧しくなって人を怨むようになるのは、あなたの無智による自己責任だ」ということでもあります。福沢諭吉は、「世の中の格差がひどくなったら、みんなで革命だ！」なんてことを言ってはいないのです。

だから、**《愚民の上に苛き政府あり》**は、「そうなったらだめだから、勉強して政府や政治を監視しましょう」にはなりません。「勉強しないとこわい人が来るよ」で、「勉強するといいことがあるよ」――**《良民の上には良き政府あるの理なり》**になります。

新政府と人民の関係が、だんだん怪しくなってきた

『学問のすゝめ』を書いて来た福沢諭吉は、その初編の最後において、ただ「すゝめる」ではなくて、説教おじさんの方へ足を踏み出してしまいます。

《仮に人民の徳義今日よりも衰えてなお無学文盲に沈むことあらば、政府の法も今一段厳重になるべく、もしまた人民皆学問に志して物事の理を知り文明の風に赴《おもむ》くことあらば、政府の法もなおまた寛仁大度《かんじんたいど》の場合に及ぶべし。法の苛きと寛《ゆる》やかなるとは、ただ人民の徳不徳に由《よ》って自《おの》ずから加減あるのみ。》

福沢諭吉は、「政府」というものを「うっかりすると人民に対して過酷なことを押しつけるもの」と思っていて、現代のように「愚かになってしまう権力」だとは思っていません。「支配者というものは、時として好き勝手なことをして、人民を苦しめるものだ」という、過去のあり方を前提にしているから、「政府」のあり方をそのように受け入れるのですが、彼にとって「政府」というものは、原則として「こわいもの」なのです。

だから、「勉強していい子になっていましょう」になり、その「勉強」の目的も、最終的には「いい子になること」になって、「政府のあり方（法の苛きと寛やかなる）は、結局のところ《人民の徳不徳》という行儀のよさ次第だ」ということになってしまうのです。

それで、以前に引用してそのままにしておいた初編の結び部分を、もう一度、引用します――。

まず《**今の世に生れ報国《ほうこく》の心あらん者は、必ずしも身を苦しめ思いを焦《こが》すほどの心配あるにあらず。**》と言います。その当時に、「国に尽したい、国のためになりたい」と思う人が大勢いたんでしょうね。その人達に「心配するな」と言います。なぜかという理由はその先です。

《**ただその大切なる目当《めあて》は、この人情に基づきて先《ま》ず一身の行いを正し、厚く学に志し博《ひろ》く事を知り、銘々の身分に相応すべきほどの智徳を備えて、政府はその政《まつりごと》を施すに易《やす》く諸民はその支配を受けて苦しみなきよう、互いにその所を得て共に全国の太平を護らんとするの一事のみ、今余輩《よはい》の勧むる学問も専《もっぱ》らこの一事をもって趣旨とせり。**》

福沢諭吉は、人民とか国民という人達が「放っとくとイライラしてすぐに凶暴化するもの」と思っているようにも見えますが、それは福沢諭吉が政府の側に立って、「落ち着いて、落ち着いて、荒れるんじゃないよ」と言っているからです。

福沢諭吉は、政府というものをまず「こわいもの」と規定して、「でも人民に対する慈悲心はある」と考えています。《**政府の法もなおまた寛仁大度の場合に及ぶべし**》と言っているのがそれです。そういう前提に立っているから、福沢諭吉は「安心してみんなでこの国の平和を護って行きましょう。そのために学問をしましょう」――《**互いにその所を得て共に全国の太平を護らんとするの一事のみ、今余輩（私）の勧むる学問も専らこの一事をもって趣旨とせり。**》と結ぶのです。

なんだか、「あれ!?」と思うような結びです。「明治の四年とか五年の日本は、こんなに平和で確固としていたんだっけ？」と思ってしまうからです。

明治五年になったばかりの日本の「新しい時代」は、そんなにすんなりと「安定」を確保してしまっていたのでしょうか？　もしそうなら、「みんなで頑張って、この廃墟になってしまったような日本をなんとかして行こう！」というような「啓蒙」はいらないはずです。でも福沢諭吉は、「既に新しい時代は確立されて、社会は穏やかで平安なものになっている」という前提でものを言っています。そして、「だから――」です。その前提を受けて、《**互いにその所を得て共に全国の太平を護らんとする**》になるわけです。

福沢諭吉は、本当にその「確立された全国の太平」を、将来的なことも含めて信じていたのでしょうか？　福沢諭吉の言うことは、「学問をして新しい時代を創ろう」ではなくて、「学問をしてつまらない文句を言わないようにしよう」である方に、大きく傾いています。

どうしてそういうことになったのかというと、これまた話は簡単で、『学問のすゝめ』の初編を書く段階で、福沢諭吉はまだ維新政府と対立をしていなかったからです。

福沢諭吉は、まだ「新しい時代は新しい政府が創る」と考えていて、「だから、普通の国民は〝新しい時代〟というものがどういうものかを理解して、へんに騒ぎ立てて政府の邪魔をしないようにしよう」という立場を取っていたのです。それで、「政府には慈悲心があるはずだから、おとなしく勉強をしているように」というトーンになるのです。

『学問のすゝめ』の初編が「政治に目覚めよ」というようなことを言っているような気がして、そのつもりで読むと「なんだか分からないところ」へ行ってしまうのはそのためで、『学問のすゝめ』の初編は、「政府を監視しよう」とは言わずに、「政府はそんなにひどいことをしないはずだから、政府に反抗するのはやめよう」と言っているのです。そういう種類の「啓蒙」だから、現在の目で見ると、「分かるような気もするけど、なんか分からないな」ということになってしまうのです。

そこのところをとらえて、「福沢諭吉は体制擁護《ようご》的だ」なんてことを言っても仕方がありません。『学問のすゝめ』の初編を書く段階で、福沢諭吉は「政府のやることを信じていた」か、少なくとも「信じようとしていた」で、それが「信じるだけでいいのか？」になってしまうと、『学問のすゝめ』のトーンも変わって来るのです。

『学問のすゝめ』は全十七編で一まとめになっていますが、明治四年の終わりから明治九年の終わりにかけて書き続けられたこの本達は、その間の時代の移り変わりを反映して、「終始一貫した一冊」にはなっていないのです。

そして諭吉は四編、五編でキレた。誰に？

以前にも言いましたが、明治七年の一月になって出版された『学問のすゝめ』の四編、五編に関して、福沢諭吉は「この二編の文体はそれ以前のものとは違う」と言っています。三編までは**《勉《つと》めて俗語を用い文章を読み易くするを趣意となしたりし》**であるのに対して、**《四、五の二編は、学者を相手にして論を立てしものなるゆえ》《少しく文の体を改めて或いはむつかしき文字を用いたる処もあり》**ということになっていて、それを言う福沢諭吉は、五編の初めで**《世の学者は大概皆腰ぬけにてその気力は不慥《ふたしか》なれども、文字を見る眼は中々慥《たしか》にして、如何《いか》なる難文にても困る者なきゆえ》**と、その理由を言って**《学者》**を罵っています。

このことは以前に言ったことですが、その時はこの**《学者》**という人達がいかなる人達かを言わないままにしておきました。では、明治六年あるいは七年の初めの日本における**《学者》**というのは、どんな人達だったのでしょう？　日本で最初の大学である東京大学が、「東京大学」としてスタートするのは、明治十年です。その後に帝国大学となり東京帝国大学となり、第二次世界大戦後に再び東京大学となるこの大学の前身は、「明治」と改元される年の四月、薩長の新政府軍が江戸城に入ると幕府の各種の学問所を占領統合することによって出来上がっています。それだけ明治維新政府は「学問の必要」を理解していたのでしょうが、だからと言ってこの「前身」は、すんなりと「東京大学」として定着したりはしません。それだから、日本で最初の大学がスタートするのには、明治十年までかかるのです。福沢諭吉が自分の塾を江戸に開いたのは、明治になる十年前で、新政府軍が幕府の学問所を自分達のものにした同じ月には、慶應義塾と名を改めて順調にスタートしていますから、それに比べれば新政府の大学はモタモタしています。

まァ、そんなことはどうでもよくて、東京大学がスタートする四年前の明治六年や七年に、福沢諭吉に罵られる**《学者》**というものがどれくらいいたのか？　あるいは、その**《学者》**というのは、どういう人達だったのか？

自分で慶應義塾を主宰し、人に教えて本だっていろいろ書いているにもかかわらず、福沢諭吉は自分のことを《**学者**》だとは思っていません。だったら、その《**学者**》というのはどういう人なのか？　江戸時代以来の、古い漢学者や国学者のことなんでしょうか？《**学者**》のことを《**文字を見る眼は中々慥にして**》と言っているところを見ると、そういうことにうるさい「昔ながらの学者」だと思われるかもしれませんが、違います。

福沢諭吉が《**学者の職分《しょくぶん》を論ず**》というタイトルをつけている第四編で言う《**学者**》とは、明治維新政府に籍を置く「官吏」であるようなインテリのことです。

明治新政府軍が江戸城入城とともに接収してしまった徳川幕府の学問所というのは、三つあります。一つは、幕府の官学である儒学教育のためにある昌平黌《しょうへいこう》、もう一つは洋学習得のための開成所《かいせいじょ》で、残る一つは医学所です。明治十年にスタートする東京大学は、開成所系の開成学校と、医学所系の医学校のドッキングしたものです。

近代化に邁進《まいしん》する維新政府の中核となる薩摩と長州の二藩は、その以前「攘夷《じょうい》」を主張して、それぞれ別箇《べっこ》に外国人と揉め事を起こしたり戦争をしていましたが、そういう勢力によって倒されることとなる幕府は開国をして、西洋文明を取り入れようとしていました。福沢諭吉が、幕府の海軍奉行の私的な家来である「通訳」という名目で、遣米使節を乗せて日本を発った咸臨丸《かんりんまる》に乗り込んだのは、桜田門外の変で井伊大老が襲撃される二カ月前です。うっかりすると大老井伊直弼《なおすけ》が暗殺されたのは、彼が保守派の人間だったからと思われてしまいますが、彼は咸臨丸をアメリカに送った徳川幕府の首脳です。徳川幕府は、アメリカとの間に日米修好通商条約を結んで以来、西洋近代の知識を取り入れることに積極的ですから、その知識もあります。新政府軍が江戸城に入って開成所以下の学問所を接収してしまったのは、その知識がほしかったからです。

当然幕府には、明治になる以前に西洋へ行ったり（エジプトのスフィンクスの前で記念写真を撮ったり）、洋学に精通した人材もいます。明治の新政府は、その人材がほしいのです。だから新政府は、そういう人材を求めて「ウチの官吏にならないか？」という働き掛けをあちこちにしました。当然、西洋のことに詳しい福沢諭吉にもその勧誘はありますが、彼はそれを断って、明治維新政府とは一生距離を置き続けます。

だから、福沢諭吉は自分のことを**《学者》**とは思わないのです。福沢諭吉の言う**《学者》**とは、改めて明治維新政府に召しかかえられた、旧幕府系の洋学者なのです。福沢諭吉は、そういう人達が結成した明六社《めいろく》という結社の会員になりました。「日本にも、欧米にある〝学会〟というものが必要だ」というので結成された明六社は、その名の通り明治六年に出来上がったものです。

それは、官製の組織ではありません。やがて日本の初代文部大臣となる旧薩摩藩士の森有礼《ありのり》が、明治六年の七月に駐米代理公使として赴任していたアメリカから帰国して、「学会みたいなものを創ろう」と動き出した結果です。明六社の会員資格は「明治政府に籍を置いている人」とか「明治政府のために働いている人」に限ったわけではありません。「スタートした近代日本に必要な洋学者」というものが十人、人と相談した森有礼によって選ばれたのです。福沢諭吉もその一人でしたが、彼は明治政府とつながっていない例外的な存在で、他のメンバーのほとんどは明治維新政府のために働いていたので、官製の団体ではないにもかかわらず、官製の団体のように見えたというだけの話です。

明六社は、明治七年の二月になって、正式に発足します。福沢諭吉が『学問のすゝめ』の第四編である《**学者の職分を論ず**》として、《**学者**》の批判をするのはその一カ月前です。その正式発足前に明六社の、明治維新政府につながっているからこそ《**学者**》であるような人と会ったり話したりして、「これじゃだめだ」と思った結果が、正式スタート前の《**学者の職分を論ず**》です。

《**職分**》というのは、「職業上の義務」で、「その職業に就いた以上やっておかなければならないこと」ですが、《**学者の職分を論ず**》というタイトルをつけた福沢諭吉は、「その職分がなってない！　おかしいじゃないか！」と怒って、《大概皆腰ぬけ》である《学者》達に向かって、わざわざ「彼等向け」のむずかしい文章を使って怒っているのですが、では福沢諭吉は、なにを「なってない！」と怒っていたのでしょうか。

理想から離れてゆく現実。諭吉、地団駄を踏む

福沢諭吉が第四編で「なに」を怒っていたのかを言う前に、彼がそこできっぱりと言っていることをご紹介しておきましょう。

《政府一新の時より、在官の人物力を尽さざるに非《あら》ず、その才力また拙劣なるに非ずと雖《いえ》ども、事を行うに当り如何《いかん》ともすべからざるの原因ありて意の如くならざるもの多し。》

つまり、「政府やそこに籍を置く人物が頑張っていないわけではないが、でも、そうであってもうまく行かないことはある」と前置きしておいて、こう続けます――。

《その原因とは人民の無知文盲即ちこれなり。政府既にその原因の在るところを知り、頻《しき》りに学術を勧め法律を議し商法を立つるの道を示す等、或いは人民に説諭し或いは自《みずか》ら先例を示し百方その術を尽すと雖ども、今日に至るまで未だ実効の挙がるを見ず、政府は依然たる専制の政府、人民は依然たる無気無力の愚民のみ。或いは僅《わずか》に進歩せしことあるも、

これがため労するところの力と費やすところの金とに比すれば、その奏功《そうこう》見るに足るもの少なきは何ぞや。蓋《けだ》し一国の文明は、独《ひと》り政府の力をもって進むべきものに非ざるなり。》

二年前の初編では「愚民になるな」と読者に訴えていたのに、二年後に《**学者**》相手に訴える時にはもう、《**人民は依然たる無気無力の愚民のみ**》と断定してしまっています。よほどこれがくやしいのでしょう。二年前にそうは言わず、《**政府はその政を施すに易く諸民はその支配を受けて苦しみなきよう**》としか言っていなかった《**政府**》が、《**専制の政府**》になって、そこに《**依然たる**》がくっついているのですから、「今に始まったことじゃない、維新政府はその以前から専制だ」と、福沢諭吉は明確に知っていたことになります。

更に、福沢諭吉は、《**一国の文明は**》と限定を付けて《**独り政府の力をもって進むべきものに非ざるなり**》と言っていますが、これは「一国のあり方は」であってもいいことでしょう。「一国のあり方は、政府が一方的に、進めるものではない」です。しかもその後に、今となってはちょっとドキッとすることが続けてあります。こうです——。

《**人或いは云《いわ》く、政府は暫くこの愚民を御《ぎょ》するに一時の術策を用い、その智徳の進むを待って後に自ずから文明の域に入らしむるなりと。この説は言うべくして行うべからず。我**

全国の人民数千百年専制の政治に窘《くるし》められ、人々その心に思うところを発露すること能《あた》わず、欺《あざむ》きて安全を偸《ぬす》み詐《いつわ》りて罪を遁《のが》れ、欺詐《ぎさ》術策は人生必需《ひつじゅ》の具となり、不誠不実は日常の習慣となり、恥ずる者もなく怪しむ者もなく、一身の廉恥《れんち》すでに地を払って尽きたり、豈《あに》国を思うに遑《いとま》あらんや。政府はこの悪弊を矯《た》めんとして益々虚威《きょい》を張り、これを嚇《おど》しこれを叱《しっ》し、強《し》いて誠実に移らしめんとして却《かえ》って益々不信に導き、その事情あたかも火をもって火を救うが如し。遂に上下の間《かん》隔絶して各々《おのおの》一種無形の気風を成せり。》

この間、どこかの国の総理大臣が怪しげな法案を数でごり押して衆議院を通過させた後で、「説明不足だと言っても、いずれ国民は理解してくれると思います」と言っていましたが、福沢諭吉にとってそれは、「言うだけならいいが、実践してはいけないことだ！」です。

《全国の人民数千百年》というのは、この時期の日本にまだ「歴史」というものがなくて、神話と歴史をごっちゃにしてるからそうなるだけで、つまりは「日本のこと」です。そんな、国が勝手なことをやって「でも国民はついて来るさ」なんていうのを野放しにしていたら、日本はかつての専制政治に逆戻りで、不誠と不実ははびこり、その原因を作ったはずの政府は、力によってその「不誠不実状態」を押さえ込もうとする。そんなことは、火によって火を消そうとするのと同じで、その結果、**《一種無形の気風》**に覆われるのだと、**《学者》**に向けてむずかしく言っています。**《一種無形の気風》**というのは、「どうにもならないさ」と思うあきらめの気分のことです。

『学問のすゝめ』初編の段階で、福沢諭吉はこういうことを感じ取っていたはずです。でも、それを言いませんでした。「政府はこわいもので、勉強をしないとこわい人が来るよ」程度で、その結論は、「みんなで平和を信じて護って行きましょう」でした。嘘をついたわけではないでしょうが、「なんにも知らない相手を啓蒙するに際して、希望をなくすようなネガティヴなことは言わない方がいいな」と思った結果のことだろうと思います。それが、「戦え！」と号令を掛ける革命家ではなくて、「明るくする」の光の啓蒙家のあり方だと思いますから。

そうであっても、第四編の福沢諭吉は、ちゃんと、今の国民は**《愚民》**で、その政府は**《専制の政府》**だとはっきり言っています。だから、「そういう政府につながってるだけでいいのかよ！」と、福沢諭吉は**《学者》**に対して怒っているのですね。**《学者の職分を論ず》**という文章の中で、福沢諭吉は**《学者》**をあからさまに罵《ののし》りません。その代わりに、「私は官に結びつく学者じゃない、〝私立〟の人間だ。少しはこっちのことも理解したらどうだ！」と言うのです。

《学者の職分を論ず》には、次のように《私立》の職分が語られています——。

《今我輩もこの国に生れて日本人の名あり、既にその名あればまた各々その分を明らかにして尽すところなかるべからず。固《もと》より政《まつりごと》の字の義に限りたる事をなすは政府の任なれども、人間《じんかん》の事務には政府の関わるべからざるものもまた多し。故に一国の全体を整理するには、人民と政府と両立して始めてその成功を得べきものなれば、我輩は国民たるの分限を尽し、政府は政府たるの分限を尽し、互いに相助けもって全国の独立を維持せざるべからず。》

むずかしい言い方の方がきついことは言えるということもありますが、福沢諭吉は、「なんでも政府オンリーでいいわけじゃない。政府と民間（人民）が協力しなきゃいけないはずだ。だから、政府は官とは関係ない俺のあり方を認めろ！　認めたっていいじゃないか」と言っているのです。言い方は穏やかですが、その相手が《専制の政府》だったりすることを考えると、これはかなりの度胸で、「お前達、俺にこんなことを言われて平気か？」と詰問《きつもん》される《学者》達は、《大概皆腰ぬけ》になってしまうはずで、福沢諭吉は、これを言うことによって、「敵」が存在することをあぶり出したのです。

第八回

もしも世の中がバカだらけなら

新しい時代の生き方がさっぱり分からなかった日本人を前にして

最近だと、「民主主義は限界に来た」とか「民主主義はだめだ、もう終わってる」とか、あるいは「民主主義がいいなんて幻想だ」とか「民主主義は初めっからろくなもんじゃない」なんてことが言われたりします。「そんなの知らない」と言っても、知らないところでは言われています。民主主義がなぜだめかというと、理由は簡単で、「民主主義はバカばっかり」になってしまうからです。

民主主義は誰でも平等で、一人一票の参政権、あるいは発言権があるということになっていますが、そこのところは平等に「みんな同じ」ではあっても、その「みんな」の頭の中身は「みんな同じ」ではありません。はっきり言って、頭のいい人よりバカの方が多いのですね。つまり、民主主義を成り立たせる人間の多数派はバカで、なにも分からないバカが意思決定のイニシアティヴを握ってしまうことが多々ある、もしくはバカに媚《こ》びたような決定がなされてしまう――だから「だめだ」というわけです。「民主主義はバカばっかり」を漢字四文字で表すと「衆愚《しゅうぐ》政治」で、その状態は既に民主政治発祥の地である古代ギリシアのアテネで言われています。人間の多数派がバカである以上、民主主義が「バカばっかり」になってしまうのは仕方がないことですが、一体その状態はどうすれば打開出来るのでしょうか？

問題は「バカばっかり」というところにあって、そのことははっきりしているのだから、打開策は簡単に見つかります。多数派のバカが「バカ」から抜け出せばいいのです。つまり、バカから抜け出すための啓蒙をすればいいのです。

江戸時代が終わったばかりの明治の初めはみんな「蒙《バカ》」です。なにに関して「蒙」なのかと言えば、「近代という新しい時代に生きる人間のあり方に関して蒙」なのです。「民主主義に関して蒙」である以前に、「近代という時代に生きる人間としては蒙」で、「近代なのだから民主主義であらなければならない」という選択肢はまだありません。だから『学問のすゝめ』は、「近代に生きるってどういうことなんだ？」という疑問が生まれた時に注目されます。

それは『学問のすゝめ』が最初に刊行された明治五年のことでもありますが、もう一つ、『学問のすゝめ』が多くの日本人に読まれた時期があります。いつかと言えば、長い戦争が終わった昭和二十年以後のことです。長い間、軍部独裁の軍国主義の中にいた日本人は、その時代が終わった時、「これでよかったのか？」と思ったのです。死んでいる福沢諭吉にとっては知りえないことですが、長く続いた愚かしい軍国主義の中で苦しめられた日本人は、体感的に、「あんなものは我々が進むべき〝近代〟という時間なんかじゃなかったのだ」と思ったのです。だから、「近代に生きるってどういうことなんだ？」と思って、改めて『学問のすゝめ』を読んだのです。『学問のすゝめ』はそういう本です。

「日本人は民主主義が分からなかった」と言う前に、「日本人は今までと違う新しい時代に生きることがどういうことか分からなかった」で、昭和二十年に戦争が終わった時、分かる日本人は「明治になって新しい時代は来たと思っていたのだが、結局は全然新しい時代なんかじゃなかったな」という気づき方をしたのです。そういう気づき方をしないと、人は『学問のすゝめ』に向かい合うことは出来ません。

「近代」というのは、それがたまさか「近代」という名前を付けられているだけで、「近代だからいい」というわけじゃありません。「今までの時代はよくなかった。新しい時代を目指そう！」というところで登場した「新しい時代」を「近代」と言っていたりするだけです。

福沢諭吉は『学問のすゝめ』二編の《人は同等なる事》と題する部分で、《旧幕府の時代には士民の区別甚《はなは》だしく、士族は妄《みだり》に権威を振い、百姓町人を取扱うこと目の下の罪人

の如くし、或いは切捨御免《きりすてごめん》などの法あり。この法に拠《よ》れば、平民の生命は我生命に非《あら》ずして借物に異ならず。百姓町人は由縁《ゆかり》もなき士族へ平身低頭し、外に在《あ》っては路を避け、内に在って席を譲り、甚だしきは自分の家に飼いたる馬にも乗られぬ程の不便利を受けたるは、けしからぬことならずや。》と言っています。

《**旧幕府の時代**》である江戸時代が本当にこんなにひどい時代だったかどうかはともかく、福沢諭吉は「前の時代はこんなに武士が横暴でひどかった。だから今、新しい時代はあるのだ」と言っているわけです。

「前の時代のひどさが分かるんだから、今の時代はいい時代だ——少なくとも〝いい時代〟であらねばならない」と思っているので、福沢諭吉は「新しい時代をどう作って行けばいいのか」という話をしません。だから当然、「あなたの一票が社会を作る」というような話にはならないのです。

　前回にも言いましたが、福沢諭吉は《**私立**》の人です。《**私立**》というと、今では「私立の学校」という使われ方がもっぱらで、福沢諭吉を「私立の人」というと、「私立の慶應義塾大学の創設者である、私立大学系の人」ということにもなってしまいますが、《**私立**》に対する言葉は「官立」ですから、福沢諭吉の《**私立**》は、「政府に寄っかからず、政府の手先にもならない一個人、一私人」という意味で、別の言い方をすると「官とはつながらない在野《ざいや》の人」ということです。

だから、福沢諭吉は「官のあり方」に口出しをしません。口出しをしないから批判もしないというわけではないので、『学問のすゝめ』の四編では《**学者の職分を論ず**》と題して大批判をしています。でも、既に「明治維新政府」は存在してしまっているのだから、「政府というものはどのようにして作られるものなのか？ それは、国民の一票によって作り上げられるものである」というようなことは言いません。「既にある政府」に対して批判はするけれど、あたかもその政府が存在しないかのような前提に立って、「政府というものはかく作られてしかるべきである！」というように、「民主主義のあり方」を語ったりもしません。福沢諭吉にとって、それは「啓蒙」ではなく「煽動《せんどう》」に当たるようなことなのでしょう。

激動の幕末に生きて、自身も横暴なる支配階級である武士の一人だった福沢諭吉は、「秩序を乱す」ということが嫌いなのです。だから、『学問のすゝめ』の初編には《**己《おの》が無智をもって貧究《ひんきゅう》に陥り飢寒《きかん》に迫るときは、己が身を罪せずして妄《みだり》に傍《かたわら》の富める人を怨《うら》み、甚だしきは徒党を結び強訴《ごうそ》一揆《いっき》などとて乱妨《らんぼう》に及ぶことあり。恥を知らざるとや言わん、**

法を恐れずとや言わん。》という一節があるのです。

大事な話の語り口を、〝インテリ〟と〝民衆〟相手にこう変えた

そういう福沢諭吉ですから、当然『学問のすゝめ』の中には矛盾が存在します。どういうことかと言うと、福沢諭吉の政府に対する態度と、「ただの民衆」であるような読者に対する態度が違うところです。

その「違い」に関して、前にも触れたところですが、福沢諭吉は五編の初めでこう言っています——**《初編より二編三編までも勉《つと》めて俗語を用い文章を読み易くするを趣意となしたりしが、四編に至り少しく文の体を改めて或いはむつかしき文字を用いたる処もあり。(中略)畢竟《ひっきょう》四、五の二編は、学者を相手にして論を立てしものなるゆえこの次第に及びたるなり。》**

「またか」と思われるかもしれません。私は今までに、『学問のすゝめ』の同じところを何度も引用して、そのたんびに少し違った説明を加えるということを繰り返して、それをまたやっています。なんでそんなことをするのかというと、百五十年ばかり前に書かれた福沢諭吉のこの文章は、いろいろなことを詰め込んだ濃厚な文章で、光の当て方によって

いろいろな意味が生まれてしまうからです。

ということですが、福沢諭吉が『学問のすゝめ』の初編から三編までを分かりやすく書いたのは、やって来た「新しい時代」のことをまったく知らない「普通の日本人」を読者対象として書いたからで、四編、五編の文体が違うのは、「新しい時代」に関する理解があってしかるべき**《学者》**を相手にしているからですね。福沢諭吉は明らかに、同一タイトルで続く本の中で「読者による文体の使い分け」をして、しかも主読者である「なにも知らない普通人」に対して「むずかしくてごめんね」ということわり書きを入れているのです。

福沢諭吉にとって、**《学者》**というのは「政府につながるインテリ」です。だから、彼等に対して「一言言っておく」である四編の**《学者の職分を論ず》**では、**《近日に至り政府の外形は大いに改まりたれども、その専制抑圧の気風は今なお存せり。》**と、公然たる政府批判を口にしています。前回にも言いましたが、これは「**《愚民の上に苛《から》き政府あり》**で**《良民の上には良き政府あるの理》**なんだから、みんなで勉強して良き国民になりましょう」と言っていた初編とはズレた話です。

ろくに「新しい時代」を知らない読者に対しては、「政府を疑わずによい子になりましょう」と言っていて、政府を「悪いもの」とは言っていません。四編、五編の刊行された明治七年の一月に至るまでの二年間に、福沢諭吉が論調を変えざるをえない変化が明治政府の方にあったのかというと、たいした変化はありません。征韓論を唱えて受け入れられなかった西郷隆盛達が、政府を去っただけで、まだ「それでどうなるのか?」という状態にはなっていません。

　福沢諭吉の論調を変える要素はあまりなく、明六社の人間達と接触した福沢諭吉が、ただ「思っていたこと」を口に出しただけです。それが四編の段階まで口に出されなかったというのは、「なんにも知らない一般人相手にこんなことを言ってもしょうがないな」と思っていたからでしょう。「なにも知らない人間には、他に言うべきことがある」と思っていたから、それを言わなかったのです。

　だから「今の政府には問題がある」ということを、福沢諭吉は分かりやすく書きません。「学者相手のものだからむずかしいよ」と言って、ポイと投げ出しているだけです。「しかし、そういう文章を『学問のすゝめ』の中にわざわざ収録しているのだから、〝ポイと投げ出した〟ではないんじゃないでしょうか?」とおっしゃるかもしれませんが、『学問のすゝめ』を書く福沢諭吉の本来的なあり方からすれば、この政府批判は分かりやすく書かれるべきだったのです。

では、なぜ福沢諭吉はそれをしなかったのか？ 考えられるのは、「福沢諭吉は相手によって言うべきことを変えていた」ということです。だから、「新しい時代」のことがよく分からない一般人に対しては、「勉強していい子になっていれば、政府は必ず報ってくれるよ」と言い、政府系のインテリに対しては、「相変らず専制政府をやってるなんてバカじゃねェか！」と喧嘩を売ります。このこと自体が、もう「矛盾」です。

福沢諭吉は、当時の明治維新政府がそんなにいい政府じゃないことを知っています。知っていて、それを読者にちゃんと伝えようとはしていないから、ちょっと突っつけば「矛盾」になるような書き方になるのですが、ではどうして、福沢諭吉はそんな矛盾をしでかしてしまうのでしょうか？

それは、福沢諭吉が「むずかしいことが分からない人に分かりやすく教える」という啓蒙の人であることと関係します。「分かりやすく言う、分かりやすく書く」ということを当然にしていても、やっぱり「そうそう簡単に分かりやすく書けることばかりではない」ということがあるからです。

分かりやすく書こうとしても書けない――分かりやすく書こうとすると、その説明自体が膨大になってちっとも分かりやすいものにはならない、かえって難解になってしまうとだってあるのです。このことは前にも言いました。

『学問のすゝめ』の初編で、福沢諭吉は「これから新しい時代を生きて行こうとする人達」のために、かなり凝縮した形で「必要なこと」を書きました。それは、「必要なこと」の大筋をグイッと捕まえた書き方で、「余分なことがそんなに書かれていない」という点で分かりやすく、でも「いろいろなことが素っ飛ばされたような感じ」もして、その点では分かりにくいところのある文章です。

だから福沢諭吉は、初編だけで終わっていいはずのものに、「もう少し説明をしておこう」と思って、二編、三編と続けて書きました。書かれたのはまず、初編では大雑把にすぎた「学問の種類」です。「学ぶべき学問には、これだけの広がりと質がある」ということを初めの《**端書**》として、二編では《**人は同等なる事**》を、三編では《**国は同等なる事**》と《**一身独立して一国独立する事**》を書きました。

逆に言えば、初編にはこれだけのことが凝縮して書かれていたわけで、それを改めて説明し直してもらうと、初編で言おうとしていたことが、もう少しはっきりして来ますが、それと同時に、「分かりやすくしようとしてもそう簡単に分かりやすくはならない」という、硬い筋や骨のような部分も出て来て、分かりやすく説明しようとしたがかえって分かりにくくなるということも起こります。

啓蒙する人間にとってはジレンマのようなものですが、一体その「簡単には分かりやすくならないこと」というのはなんなのか？　果して、それを分かりやすく説明する方法はないのかということです。

超難問！「政府と国民の新しい関係性」をどう説明したかというと

『学問のすゝめ』二編の中で、福沢諭吉は近代日本のインテリが陥りやすい誤り、あるいはぶつかりやすい壁にぶつかっています。それはなにかというと、**《人は同等なる事》**と題して「政府と国民の関係」を語るところにあります。

時は初編から二年近くが過ぎようとする明治六年の十一月頃ですが、その二編を書く福沢諭吉の頭の中では、もう「新しい時代の政府」が出来上がっています。もちろん「頭の中」で出来上がっている以上、それは「理想の政府」です。明治六年というのは、十月に征韓論問題で西郷隆盛達が維新政府を去った時ですから、現実の明治維新政府が「揺るぎなく存在している」というわけではありません。ガタつき始めています。そういう時に、

「頭の中に存在する理想の政府」を前提にして「政府と国民の関係」を語ってしまうから福沢諭吉の話は不思議な揺らぎ方をしてしまうのです。

『学問のすゝめ』二編には、こういう文章が登場します――。

《元来人民と政府との間柄は、もと同一体にてその職分を区別し、政府は人民の名代《みようだい》となりて法を施し、人民は必ずこの法を守るべしと、固く約束したるものなり。譬《たと》えば今、日本国中にて明治の年号を奉ずる者は、今の政府の法に従うべしと条約を結びたる人民なり。》

これは「契約説」という考え方ですが、それがどういうことかは、二編のこの少し前でもう少し分かりやすく具体的に説明されています。こうです――。

《百姓は米を作って人を養い、町人は物を売買して世の便利を達す。これ即ち百姓町人の商売なり。政府は法令を設けて悪人を制し善人を保護す。これ即ち政府の商売なり。この商売をなすには莫大《ばくだい》の費《ついえ》なれども、政府には米もなく金もなきゆえ、百姓町人より年貢《ねんぐ》運上《うんじよう》を出《いだ》して政府の勝手方《かつてかた》を賄《まかな》わんと、双方一致の上、相談を取極めたり。これ即ち政府と人民との約束なり。故に百姓町人は年貢運上を出して固く国法を守れば、その職分を尽

したりと言うべし。政府は年貢運上を取りて正しくその使い払いを立て人民を保護すれば、その職分を尽したりと言うべし。》

　ここで福沢諭吉は、「政府と人民の関係」を「取り引き」という形で説明しています。**《年貢》**は「百姓に課される税」で、米で支払います。**《運上》**は、町人に課せられるもので、銭で支払います。**《勝手方》**というのは、江戸幕府の財政を扱う部署で、**《使い払いを立て》**は、「経理をちゃんとする」です。「取り引き」という考え方を導入すれば、「政府と人民の間の契約という関係」は分かりやすく説明出来ますが、しかしここで問題だというのは、**《今の政府の法に従うべしと条約を結びたる》**とか**《これ即ち政府と人民との約束なり。》**などと福沢諭吉が言ったとしても、そんな**《条約》**や**《約束》**なんかどこにも存在しないということです。

　福沢諭吉は「取り引き」という考え方を使って「政府と人民の関係」を説明します――「その取り引きがうまく行っていれば問題ない」と。そう言った後に続けて、「徳川幕府のあった時代はそうじゃなかった」と言います――**《然《しか》るに幕府のとき、政府のことを御上《おかみ》様《さま》と唱え、御上の御用とあれば馬鹿に威光を振うのみならず、道中の旅籠《はたご》までもただ喰い倒し、川場《かわば》に銭を払わず、人足《にんそく》に賃銭を与えず、甚《はなは》だしきは旦那が人足をゆすりて酒代《さかだい》を**

取るに至れり。》

《川場に銭を払わず》というのは、橋の架かっていない川を渡る時の舟や、客を担いで渡す人足への費用ですが、「江戸時代に〝政府〟であった幕府は、人民との間に対等な関係を結ばない〝御上〟で、人民との間に〝取り引き〟を成り立たせる〝契約〟も結んでいなかったからやりたい放題だった」と言ってしまうと、どうしても「今の維新政府はそれとは違う、人民と対等な契約を結ぶ政府だ」ということになってしまいます。それを言わなくても、そう取られてしまうのは仕方がなくて、福沢諭吉はそう取られてもいいような書き方をしています。つまり、「新しい時代の素晴しさ」です。

しかし、福沢諭吉は**《学者》**ではなくて**《私立》**の人です。政府の回し者ではないので、「今の政府は人民と対等の取り引き関係を成り立たせられる、新しい時代にふさわしい政府だ」などという嘘をつく必要はありません。にもかかわらず、彼がそんな詐欺すれすれの書き方をしてしまったのは、つまるところ「啓蒙のため」です。

明治政府にもいろいろあるけど、「オレは〝バカ〟が許せない！」

日本には、「君達がきちんと働いて税金を払ってくれたら、君達を守ってやろう」なんて言うお殿様はいません。いたとしても神話やお伽話《とぎばなし》の世界で、だからこそ戦国時代の農民が野武士の襲撃から村を守るために「侍《さむれえ》を雇うだ！」と言うところから始まる黒澤明監督の映画『七人の侍』も生まれます。「腹いっぱい米を食わせるから村のために戦ってくれ」は、立派に「契約」ですが、これは「そういうのがあったらおもしろいなァ」という種類の素敵な嘘です。日本には、福沢諭吉の言う「政府と人民の契約」なんかはありません。これは西洋――特にイギリスの話です。

啓蒙思想を生んで、「生んだけどどうでもいいや」にしてあまり発達させなかったイギリスは、かなりの時間をかけて「わがままな王様の力を議会が制限する」ということに成功していました。「憲法とは、権力者のわがまま暴走を縛るものである」という考え方は、イギリスで定着します。「憲法によって王様のわがままが制限される制度」が立憲君主制と言われるもので、「王様やら殿様やら総理大臣やらが権力を持って《御上》になってしまいがちな社会というものを、どういうものだと考えたらいいのだろうか？」と考えて出て来た答が、「政府と人民は対等な契約を結んでいると考えればよい」という、社会契約説です。

社会契約説は、イギリスのホッブスやロックの考えた思想ですが、啓蒙思想を生んでもこれをあまり大きく育て上げるということをイギリスがしなかったのは、すぐに社会契約説の方に行ける程度の成熟を持ち合わせていたからです。福沢諭吉の言う「政府と人民の契約」はここから来ています。

「政府と人民の関係は対等で、〝お互いにやるべきことをちゃんとやって行こうね〟という約束をした――ということになっているのが、西洋の進んだ国々で、我が日本もそういうことを目指すべきなんです」と言ってくれれば分かりがいいはずなのに、明治六年の福沢諭吉はそう言いません。「政府と人民はそういう約束をした、契約を結んだ」と言ってしまうのが、『学問のすゝめ』二編の福沢諭吉です。

繰り返しになりますが、**《政府は人民の名代となりて法を施し、人民は必ずこの法を守るべしと、固く約束したるものなり。》**と言いはしても、そんな約束を明治維新政府はしていません。そんなことをしていたのなら、「何月何日、明治維新政府は人民の代表との間で相互の義務を順守する契約を交わした」ということが、年表のどこかに載っています。これはそれくらい重要なことであるはずですが、でも、日本の近代史の年表のどこにもそんな記述はありません。第一、政府との間に契約を交わす「人民の代表」などというものがどこにもいません。行政府との間で「お互いちゃんとやって行きましょう」という約束を交わせる「人民の代表」がいるのは、国民が選んだ議員によって構成される議会というところで、明治六年の日本にまだ議会はありませんし、「議会を作ろう！」「作れ！」という声だってありません。

明治日本の人民は、政府との間にそんな「契約」を交わしてはいないのですが、しかし福沢諭吉は「交わした」と言ってしまいます。その結果どうなるのか？「人民の側の義務ばっかりが大きくなる」という結果になります。

四編になれば、福沢諭吉は**《近日に至り政府の外形は大いに改まりたれども、その専制抑圧の気風は今なお存せり。》**と言います。福沢諭吉だからこの程度の認識ですんでいますが、普通の人間からすれば、明治維新政府は「新たな御上」です。将軍様はいないけれども、政府という組織自体が**《御上》**です。**《御上》**だから、なんとなく「従わなきゃいけないんじゃないか？」という気も残っています。なにしろ日本人は、まだ「政府」というものを知らないのです。でもそこに、福沢諭吉は「あなたは**《御上》**と思うかもしれないけれど、日本の新しい政府は人民の言うことを聞いてくれるよい政府だよ」と思えるようなことを言ってしまうのです。

だからどうなるのか？「人民よ、政府の言うことにおとなしく従いなさい」になってしまいます。だからこそ、**《政府は人民の名代となりて法を施し、人民は必ずこの法を守るべしと、固く約束したるものなり。》**と、「相互の義務」を並べた後では、「政府の義務」がなくなってしまいます。それで、**《日本国中にて明治の年号を奉ずる者は、今の政府の法に従うべしと条約を結びたる人民なり。》**になってしまうのです。つまり、「明治の世に生きる人民はすべて、政府の言うことに従わなければならない」です。

　じゃ、その政府が人民にとって不都合なことを命令したらどうなるのか？　そのことは、すぐ次に続けて書いてあります――**《故《ゆえ》に一たび国法と定まりたることは、仮令《たと》い或いは人民一個のために不便利あるも、その改革まではこれを動かすを得ず。小心翼々《しょうしんよくよく》謹《つつし》みて守らざるべからず。これ即ち人民の職分なり。》**

「政府が一度こうだと決めたことは、自分にとって不都合であっても、政府が進んで方針を変えるまで、変えられないのだ。注意深くいろんな配慮をしながら、その政府の命令を守らなければならない。それが人民の義務だ」ということで、その後に「秩序を乱す」ということが大嫌いの福沢諭吉は、「法を守るということを知らないバカがこの決まりを守らないと、とんでもないことになる」ということを、あきれるほどの罵り方で怒っています。こうです、よく読んで下さい――。

《然《しか》るに、無学文盲、理非の理の字も知らず、身に覚えたる芸は飲食と寝ると起きるとのみ、その無学のくせに欲《よく》は深く、目の前に人を欺きて巧みに政府の法を遁《のが》れ、国法の何物たるを知らず、己《おの》が職分の何物たるを知らず、子をばよく生めどもその子を教うるの道を知らず、いわゆる恥も法も知らざる馬鹿者にて、その子孫繁昌《はんじょう》すれば一国の益は為《な》さずして却《かえ》って害をなす者なきに非ず。かかる馬鹿者を取扱うには、迚《とて》も道理をもってすべからず、不本意ながら力をもって威《おど》し、一時の大害を鎮《しず》むるより外《ほか》に方便あることなし。これ即ち世に暴政府のある所以《ゆえん》なり。》

　福沢諭吉の「バカ嫌い」はとんでもなく凄まじいもので、彼の啓蒙への情熱は、「この世からバカを一人残らず葬り去ってやる！」というところに由来しているのではないかとも思えてしまいますが、そのバカのために《暴政府》は出現してしまうというのは、初編の《愚民の上に苛き政府あり》のリプライズですが、二編はその後に分かりやすい結論をつけます。「バカを野放しにすると政府もひどいものになるから、みんなでそうならないように勉強して、バカの要素を撲滅しろ」です——《人民もし暴政を避けんと欲せば、速《すみ》やかに学問に志し自ら才徳を高くして、政府と相対し同位同等の地位に登らざるべからず。これ即ち余輩（註：福沢諭吉）の勧むる学問の趣意なり。》

だから、結局は『学問のすゝめ』なのですが、そこに至るまでの「バカを野放しにするとこうなる」というのが、これまたかなりのものです。

《されば一国の暴政は、必ずしも暴君暴吏《ぼうり》の所為《しょい》のみに非ず、その実は人民の無智をもって自ら招く禍《わざわい》なり。他人にけしかけられて暗殺を企つる者あり、新法を誤解して一揆を起す者あり、強訴を名として金持の家を毀《こぼ》ち酒を飲み銭を盗む者あり。その挙動は殆《ほとん》ど人間の所業《しょぎょう》と思われず。かかる賊民を取扱うには、釈迦も孔子も名案なきは必定《ひつじょう》》

果して「バカ」だけで**《人間の所業と思われず》**というところまで行ってしまうのかどうか分かりませんが、義務教育がなくてつい少し前まで人殺しが平気で行われていた時代だから、そうなのかもしれません。ちなみに、坂本龍馬や中岡慎太郎が暗殺されたのは、明治になる前年の十一月で、福沢諭吉のこの文章が世に出る六年前の「ついこの間」です。

潜伏するバカ勢力の強さに対抗するためもあってか、福沢諭吉の激しさもとんでもないもので、「ああ、この人が敵に回らなくてよかった」と思います。この**《無学文盲、理非の理の字も知らず》**で始まる「政府の法に従う気のないバカ」を糾弾する文章は、ヒトラーの演説並みの狂気に近い熱を帯びています。最後に「だから勉強しろ！」と言っている点が違うだけで、最後が「だから政府に従え！」だったら、福沢諭吉のこの部分は、「自分の言うことを聞かない国民を糾弾する独裁者の口調」と同じです。だから私は、この人が「**《私立》**の人」で、「官の人」でなくてよかったと思います。これだけのことを言える人が明治政府にいたら、その維新政府は簡単に**《暴政府》**になりえてしまうからです。

結論！「速やかに学問に志し、自分で才徳を高くして…」

二編で**《学問》**を勧める福沢諭吉は、以上のようにかなりきわどいコースを通って、その結論へと至ります。

まず、「新しい時代に、政府は人民と契約を交わしたのだ」という嘘をつきます。この嘘がなんのために出現するのかと言ったら、「政府と人民の関係の本来性」を説明するためです。そのためには、「進んだ西洋の先進国ではこうなんだ」という説明がいります。その説明がなんのためにいるのかといえば、「だから、かつてのような頭で政府と向き合ってはいけないのだ」と言うためです。しかしこれは、読者に想像力を要求する、「回りくどくてむずかしい説明」です。だから福沢諭吉は、「考えてご覧、遠い西洋の国では、政府と人民は対等なんだ」と言う代わり、手っ取り早く、「新しい時代になって、かつて〝御上〟だった政府は人民と対等になって、もうあなた達はその時代にいるのです」という嘘をつくのです。その方が分かりやすいからです。そうなってしまうくらいに、福沢諭吉の頭の中は「進んだ西洋の政府のあり方」が浸透しているのです。

しかしそれをすると、一つ矛盾が生まれてしまいます。「明治維新政府と人民は対等だ」と言ったって、仮にその「立場だけは対等である」という建て前を認めたとしても、明治維新政府をやっている側の人間の頭の中身と、『学問のすゝめ』を読む読者の頭の中身は、同じではないのです。だから、《**速やかに学問に志し自ら才徳を高くして、政府と相対し同位同等の地位に登らざるべからず。**》という最強の部分が登場するのです。『学問のすゝめ』を読んでいる程度では、まだ維新政府と対等に渡り合えないのです。それが分かっているからこそ、福沢諭吉は嘘をついてでも、鬼の形相になってでも、なんにも知らない日本人相手に「啓蒙」を続けて、「勉強をしろ！」と言うのです。

最終的に「バカばっかり」になって「民主主義はだめだ」になっても、ともかくバカを減らさないと、民主主義を生み出せる近代は生まれない――というところで、話は現代につながるのです（つながらないと思っていましたか？）。

第九回

私はやらない、君がやれ

『学問のすゝめ』はノウハウ本じゃないことを、しつこく押さえておく

福沢諭吉は、鬼の形相で「勉強しろ！」と言います。**《人民もし暴政を避けんと欲せば、速やかに学問に志し自ら才徳を高くして、政府と相対し同位同等の地位に登らざるべからず。》**と。最後の**《登らざるべからず》**というのは二重否定で、「さっさと政府に相対して、同位同等の地位に登れ！」です。昔の言い方だからしょうがないのですが、福沢諭吉は「同位同等の立場に立たなくてもいいのかよ！」という言い方で、「さっさと同等になれ！」と言っているわけです。

なんだってここに「さっさと」などという福沢諭吉の言っていない余分な言葉が入るのかと言えば、『学問のすゝめ』二編の**《人民もし暴政を避けんと欲せば》**の前に、**《人民の無智》**に関して**《その挙動は殆《ほとん》ど人間の所業と思われず》**というような、とんでもなく過激な悪口を書き連ねているからで、「そういう人だったら、きっと焦《じ》れて〝さっさと勉強しろ！〟くらいのことは言ってるんだろうな」と、私が思うからです。

というわけで、ここから話はもちろん、不親切な方へ進みます。なぜかというと、『学問のすゝめ』を書く福沢諭吉は、「私はすすめます」という形で「勉強をしろ！」と言っ

ているだけで、「あなたが勉強しなければならないのはこういうことなのです」と、「学ぶべきことの内容」を親切にダイジェストして、教えてくれているわけではないからです。うっかりすると誤解されてしまいますが、『学問のすゝめ』はただ「学問をすすめている本」で、「これ一冊であなたに必要な学問のあらましが分かる本」ではありません。近代になったばかりの日本に登場した『学問のすゝめ』は、「近代に向かう日本人が学問をするための前提」を説いた本で、「これからの日本はこうなるから、こういうことを知っておけば大丈夫」というようなことを語る、ノウハウ本ではないのです。

福沢諭吉は、「私は学問をすすめる。あなたは学問をする」という分業態勢を読者との間に構築して、「この先あなたが必要とする学問には、これだけの種類がある」と『学問のすゝめ』の初編や二編でその種類を紹介しているだけなのです。

「私は紹介した。だから君らは、それを適宜《てきぎ》選んで学ぶように」と言って、それだけなのです。その点で福沢諭吉の言うことは単純で、「勉強しろ！」のそれだけです。「テキストはそこら辺にあるはずだから、それを使って各人必要と思う勉強をしろ！」です。『学問のすゝめ』はそれを言う本で、だから『学問のすゝめ』はそれだけなのです。がしかし、それだけであるはずの『学問のすゝめ』は、初編から始まって十七編まであります。「勉強しなさい、勉強しろ！」ですむだけのものであるはずなのに、福沢諭吉はどうしてそんなにも長くエンエンと書き続けるのでしょう？「勉強しろ！」の一言ですむような『学問のすゝめ』のその後にはなにが書いてあるのでしょう？

　前回にも言いましたが、『学問のすゝめ』の二編と三編は、「初編の内容をもう少し説明しておこう」で書かれた、拡大版です。

《人は同等なる事》と題されて書かれた二編の部分は、初編ではあまりはっきりと言われなかった「政府と国民の関係」です。どうしてこれが**《人は同等なる事》**と題されなければならないかというと、長い日本の歴史の中で、日本人は「政府関係者」と「一般日本国民」を同等のものと考える習慣がなかったからですね。近代以前の日本人は「政府関係者」のことを**《御《お》上様《かみさま》》**と言っていました。**《御上様》**と敬語だらけで呼ばれるものが、「自分達普通の日本人」と同等であるはずがありません。だから、「そうじゃないよ。政府と国民は同等なんだよ」と、福沢諭吉は言うのです。

　私は何回同じことを言ったか知れませんが、福沢諭吉の『学問のすゝめ』は、「今となっては当たり前になってしまっていること」に初めて出喰わす日本人に、「それはこういうことだよ」と説明する本でもあります。既に「当たり前」になっていることを改めて説明されると、「なに言ってるんだろう?」と思って混乱してしまうこともありますから分かりにくいのですが、でも今「当たり前だ」と思っていることが、「そもそもこういうところから始まったのか」と考えると、いろいろなことが発見出来ます。その一番大きな発見は「ボタンの掛け違い」でしょう。

初めはそんなつもりはなかった。でも、いつの間にか時間がたつと「なんかへんだな?」ということになってしまっていることがよくあります。いっぱい並んでいるボタンを一つ一つはめて行く内に、ボタンの掛け違いが起こったりするのですが、よく考えてみると、この「ボタンの掛け違い」にもトリックがあります。「初めはそんなつもりがなかった、けれどもいつの間にか——」の部分です。こういう言い方をすると、「初めはちゃんと分かっていた」ということになりますが、ボタンの掛け違いをするような人が、本当に「初めは分かっていた」であるのかどうかは分かりません。「一番初めにちゃんと分かっていなかったから、後になればなるほどメチャクチャになる」という種類のボタンの掛け違いだって、いくらでもあるはずです。

福沢諭吉が『学問のすゝめ』で書くことは、一番初めの《**天は人の上に人を造らず人の**

下に人を造らずと言えり》から始まって、当時の日本人にとっては「初めて聞くこと」だらけです。だから、当時の受け手がこれをきちんと理解出来ていたのかどうか、また福沢諭吉がその「初めて聞くこと」をちゃんと説明出来ていたのかどうかだって、分かりはしないのです。

幕府の「軍政」から政府の「民政」に移行したときの国民のあり方《マナー》とは

福沢諭吉はいともあっさり**《政府》**という言葉を使っていますが、これだって明治になって初めて登場する言葉です。明治になって**《政府》**が登場する前は、政府であるようなものを**《幕府》**と言いました。福沢諭吉は、時として**《幕府》**を**《旧幕府》**と言って、「今の政府とは全然違うもの」として扱っていますが。では、**《幕府》**と**《政府》**はどう違うのでしょうか？

「府」というのは、そもそもが「書類を入れる倉」のことで、「書類がいっぱい集まるところ」から「役所」の意味を持ち、「都」という意味も持ってしまいます。だから、**《政府》**は「政治の役所」です。では**《幕府》**の「幕」はなんでしょう？ 読んで字のごとくで、「幕《まく》」です。武将が戦いの時、自分のいる陣地に張りめぐらせる「陣幕」がこの「幕」

です。「帷幄《いあく》」とか「帷幕《いばく》」というのも、文字の意味上はただ「幕のこと」ですが、「その中に大将がいる」ということから、「総司令部」の意味を持ちます。つまり、「幕府」というのは「武士の政権」で「武士の政府」です。

そこに「陣幕」があるということは、「戦いによって政権を獲得した」ということで、武士の政権である幕府は、「軍事クーデターによって政権を獲得した軍事政権」でもあるわけですね。軍事政権だから軍人は人の上に立って、武士は「軍人」なので、特別扱いが当然とされるわけです。もちろん、明治政府だって下級武士達が徳川幕府を倒すための戦争をして、結果、徳川幕府に代わって政権を握ったのですから、「明治幕府」であるような性格を持っていますが、反徳川幕府の下級武士勢力は、それまで忘れられていたような天皇をかつぎ出して政治の中心に据え、「武士」以下の身分も廃止してしまったので、「武士独裁の幕府」にはならず、形としてはただの「政府」ということになるわけです。

これを押さえておいて、改めて「幕府」と「政府」はどう違うのでしょうか？「幕府」だったものが「政府」になるということは、どういうことなのでしょうか？

幕府が「武士の独裁政権」であることを頭に置いて考えれば分かりますが、徳川幕府が明治政府に変わるというのは、「軍事独裁政権が民政に移行する」ということに近いのです。少なくとも、福沢諭吉のとらえ方は、これに近いものです。

前回にも言いましたが、『学問のすゝめ』を書く福沢諭吉の頭の中には、「新しい時代の政府像」が出来上がっています。これは、福沢諭吉が西洋の書物を読んで「学問」をした結果理解した、イギリスやアメリカを中心とした「政府のあり方」で、これは当然日本では、「現実の明治政府とは違う理想の政府像」です。なぜ、福沢諭吉が西洋の本を読んで「政府のあり方」や「政府と人民の関係」を学んだのかと言えば、彼が「明治になって徳川幕府の軍政が、民政へと移行する」と考えたからです。

でも、『学問のすゝめ』を書く福沢諭吉は、「これからの政治の主役は国民だ」とは考えてはいません。だから二編では《**元来人民と政府との間柄は、もと同一体にてその職分を区別し、政府は人民の名代《みょうだい》となりて法を施し、人民は必ずこの法を守るべしと、固く約束したるものなり。譬《たと》えば今、日本国中にて明治の年号を奉ずる者は、今の政府の法に従うべしと条約を結びたる人民なり。**》と書くのです。

《**人民**》は《**政府**》と《**条約**》を結ぶわけですから、一〇〇%政府任せではなくて、「条約を結ぶ側」として、国民も半分は政治に参加しているのですね。これは「実際にそうだ」というわけではなくて、「福沢諭吉が一方的にそう考えている」というだけの話です。

だって、これは前回にも言いましたが、**《政府》**と**《人民》**の間に**《固く約束したるものなり》**という事実なんかは存在しないからです。福沢諭吉は、「こう言えば分かるだろう」と思って、『学問のすゝめ』の中に「社会契約説」の考え方を導入しただけです。

では、福沢諭吉はなにを分からせようとしたのでしょうか？

二編で「社会契約説」の考え方を紹介した福沢諭吉が分からせようとしたことは、二つあります。一つは、「徳川幕府の軍政が民政に移行した時の、国民のあり方《マナー》」です。二編の引用部分を読めば、「政府と人民の関係は本来フィフティ・フィフティであるはずなのに、徳川幕府は自分達の言い分を強引に押し通していた」というようなことが透けて見えます。そして、「でも、もうそうじゃない。今の政府は、人民に代わって法を作っていて、それは人民にとっても同意出来るはずのものだから、その法を作る政府に従って行こう」と言っているのです。

前回にも言いましたが、これはかなりへんな言い分で、福沢諭吉は「約束をしたから従うべきだ」と言ってはいますが、少なくとも**《人民》**の側からすれば「そんな約束をしたという話は聞いていない」ですから、**《約束》**の一項を抜いてしまえば、**《今の政府の法に従うべし》**というのは、「今の政府のやり方に忠誠を誓え」と言うのとおんなじで、徳川軍政幕府時代のあり方とまったく変わらないのです。

どうしてこんないい加減な話になってしまうのかというと、それは福沢諭吉が分からせようとしたもう一つのことと関連しています。こちらは「民政移行後の人民のマナー」とは違って、「明確に分かれ」ではない「私はこう思っているから感じ取れ」という程度のもので、それがなにかと言えば、「政府と人民は別だ」です。「別」だから、人民の側としては「従うか、従わない」のどちらかしかないのです。

福沢諭吉は、**《元来人民と政府との間柄は、もと同一体にてその職分を区別し》**とあっさり言ってしまいますが、**《もと同一体》**だった**《人民と政府との間柄》**が、いつどうやって**《職分を区別し》**になったのかは、歴史上の大問題で、そんなにあっさりとは分けられないので、**《その職分を区別し》**なんてことも簡単には言えません。それは、起こったのなら長い時間をかけてで、果して**《その職分を区別し》**というような分かれ方をしたのかどうかもよくは分かりません。そういうあっさりとは言い切れないことをあっさり言い切ってしまえるということは、そう言う人が「大昔は違うかもしれないが、政府は政府、人民は人民で、政府と人民は別物なんだ」と考えているからです。

福沢諭吉は慎重に、そんな風に見られないように言葉に気を使っていますが、でも彼は根本のところで、「政府は政府、人民は人民の別物で、両者は入り交じったりはしない」と考えているのです。だから彼は、この別々の二つのものをどう結びつければいいのかと考えて、「社会契約説」を持ち出して来るのです。

国民の政治参加も、議会開設の必要性も力説しない。なぜなら。

福沢諭吉の頭の中で《政府》と《人民》の関係は固定的で、それぞれに違うもの、、、、、です。だから、徳川軍事政権が倒れて明治の新しい「政府」の時代が来ても、「これからの政治の主役は国民だ」などということを考えません。それで、『学問のすゝめ』の中には「国民の政治参加へのすすめ」もなければ、やがて「議会を開け！」で大騒ぎになるような、国の近代化には必須であるような「議会開設の必要」も訴えられてはいません。ただ《**愚民の上に苛《から》き政府あり**》という形で、「バカのまんま政府の言うことに黙って従っていると、とんでもないことになるぞ！」という警告だけがあります。

日本に議会が開設されたのは、『学問のすゝめ』十七編全部が出揃った年の更に十四年後の明治二十三年で、福沢諭吉は五十五歳になっていました。その八年後、福沢諭吉は脳溢血になって倒れて執筆活動をやめ、その三年後に六十六歳で死にますが、福沢諭吉が生きている間に議会が開設され、「国民の政治参加」というか「政府関係者以外の政治参加」は、まがりなりにも可能にはなりましたが、だからと言ってこれが福沢諭吉にどう影響したかというと、なんの影響もありません。福沢諭吉にとって議会開設は、「関係ない」なのです。

『学問のすゝめ』の初編や二編で、「バカを野放しにするとろくなことにはならない」として、野放しにされたバカがしでかす騒ぎを口を極めて罵った福沢諭吉は、争いごとが嫌いです。だから、議会開設を求める自由民権運動に対する彼の態度も、「争いごとはだめだ」が中心軸になります。

『学問のすゝめ』全十七編が出揃った年から、明治政府の分裂と内輪揉めでもあるような「士族の反乱」が盛んになり、翌年にはそのクライマックスともなる西南戦争です。福沢諭吉は、これに対して「まァまァ、やめなさいよ」の態度で臨み、西郷隆盛には同情的です。しかし、西南戦争の後になると、まだ生き残っている「政府に不満を持つ士族達」が、自分達の政治参加を求めて、議会開設要求の自由民権運動へと進みます。

これに対する福沢諭吉の態度は、「さっさと議会を開設しちゃいなさいよ」です。なぜ彼がそういう立場を取るのかというと、「人民の間には不満が鬱積しているから、そのガス抜きの装置として議会開設は必要だ」だからです。争いごとが嫌いだからそういう立場を取るのですが、だからこそ自由民権運動が高揚して激しくなって来ると、彼は政府側に立って、「やめなさい、落ち着きなさい」の態度を自由民権運動側に示すようになります。

明治政府は議会の開設なんかしたくない立場ですから、そちら側に立った福沢諭吉も当然「議会なんか開設しなくていい」です。明治政府は、彼にそういう立場の機関誌を発行させようとしたのですが、その寸前で政府が「議会開設へ」という方針転換をしてしまうので、一時的に反自由民権運動になった福沢諭吉の立場は宙ぶらりんです。『学問のすゝめ』が完結した後で既に『通俗民権論』とか『国会論』を書いていた福沢諭吉ですから、彼が「議会開設論者」であったことは確かです。でも彼は、それよりも「争いごと」が嫌いなのです。どうして彼が「争いごと」を嫌うのかと言えば、それがバカのすることだからでしょう。

これまではそれをやると煩雑になりすぎると思って、『学問のすゝめ』以外の福沢諭吉の著作を引用するのをやめてはいましたが、ここで一つだけそれをやります。六十三歳で脳溢血になる前の彼が書き上げた最後の著作『福翁自伝』です。そこに「幕末の頃の話」として、こんなことが書いてあります――。

《日本の政治が東西二派に相分かれて、勤王佐幕《きんのうさばく》という二派の名が出来た。出来たところで、サアそこに至って私が如何《どう》するかと言うに、第一、私は幕府の門閥《もんばつ》圧制鎖国主義が極々嫌《ごくごくきら》いで、これに力を尽くす気はない。第二、さればとて、かの勤王家という一類を見れば、幕府よりなお一層甚しい攘夷《じょうい》論で、こんな乱暴者を助ける気は固《もと》よりない。第三、東西二派の理非曲直《りひきょくちょく》は姑《しばら》くさておき、男子がいわゆる宿昔青雲《しゅくせきせいうん》の志を達するは乱世に在《あ》り、勤王でも佐幕でも試みに当たって砕けるというが書生のことであるが、私にはその性質習慣がない。》

福沢諭吉は「政治に関心がない人」ではなくて、「政治に関わろうとはしない人」です。その理由は、右の引用からでも明らかなように、彼が「政治に関わるやつはバカだ」と思っているからでしょう。なにしろ明治維新政府を作っているのは、《第二、さればとて》と言われる、幕府よりもっとレベルの低い人間達なのですから。

だから、政府とつながっているインテリ達を《学者》と言って《腰抜け》と罵倒してしまう彼は、自分を《私立》だと主張して、《政府》や《官》との間に距離を置き続けて来ました。でもそんな彼が、自由民権運動が激しく盛り上がろうとすると、政府と一緒になって「ちょっと待て」と抑えにかかろうとするのは、《**私にはその性質習慣がない**》と言う福沢諭吉が、「争いごと」が嫌いだからで、なぜそれを嫌うのかというと、「バカのやること」だからです。前回に引用した、福沢諭吉の「バカは地獄に落ちろ！」とでもいうような、激しい口調を思い出していただきたいですね。

福沢諭吉は、争いごとが激しくなる時期を《**乱世**》と言って、一応は「仕方がねェなァ」と認めています。《**乱世**》は時代の転換期でもあるので、この状態がなかったら、時代は停滞したままです。だから認めはしますが、それがどうして仕方なしなのかというと、昔風の《**男子**》と言われる人達が《**宿昔青雲の志**（自分の抱いている望み）》を達成したがるもので、《**乱世**》というのはその千載一遇《せんざいいちぐう》のチャンスに当たる時だからです。

《**宿昔**》というのは「ずっと昔から」ということで、《**青雲**》というのは「高く晴れた青い空」から転じて、「人から尊敬されるような高い地位」です。《**男子**》はずーっと長い間「えらくなりたい」と思っていて、《**乱世**》はその絶好のチャンスだから、《**当たって砕ける**》ということをしてしまう――それも仕方はないが、でもそれをするのは「頭でっかちになった若いバカ（書生）」だと、福沢諭吉は言うのです。

福沢諭吉が『福翁自伝』を書き上げたのは、『学問のすゝめ』を書き始めた四半世紀後です。『学問のすゝめ』を書かなくちゃいけないくらいに、「勉強をしよう」と思う人間が日本にまだいなくて、そのための教育機関もろくになかった頃から時代がたって、『福翁自伝』の頃には、もう「勉強する学生」は珍しくありません。明治や大正の頃に、学生は《**書生**》と言われましたが、その《**書生**》という言葉の裏には、「へんな自負心を持っているだけの浮っついたバカ」という意味も隠されていて、福沢諭吉が《**試みに当たって砕けるというが書生のことであるが**》と言う時の《**書生**》はこの意味です。『学問のすゝめ』の時代を通り越すと「青雲の志を抱いた書生」――つまり「上昇志向の強い単細胞人間」がいくらでも生まれてしまっているのです。

　福沢諭吉はやんわりと、《**私にはその性質習慣がない**》とだけ言って、「そんな奴らはバカだ！」とまでは言っていません。福沢諭吉は「乱世になることがあるのは仕方がない」と思っていて、「でも私にはその中に入って行こうという気がない」と言っているのです。なんでその気がないのかと言えば、こればっかりで申し訳ないようなもんですが、やっぱり「バカばっかり」だからですね。

　いくら平静でいようとしたって、《**乱世**》という時期は、人の頭を荒廃させてバカにします。人の持っているエネルギーは、《**乱世**》というものを加速させて、そこにいる人達はエネルギーを持った《乱世》に振り回されてしまうのだから、仕方がないのです。でも重要なのは、その《乱世》が収まった後で、だからこそ明治になってすぐに、福沢諭吉は「もう乱世は終わり！」として、『学問のすゝめ』を書き始めるのです。

というわけで、前の方に戻って改めて、『学問のすゝめ』にはなにが書いてあるのかです。

「こういう社会を君らはなんとかしてね」諭吉のクールな姿勢に隠されたもの

福沢諭吉が『学問のすゝめ』で書くのは、「『学問のすゝめ』が必要である、明治という今の時代の状況分析」です。

『学問のすゝめ』を書いて啓蒙をする福沢諭吉にとって、明治という時代は「蒙《バカ》」ばっかりです。蒙を啓《ひら》かれなければならない『学問のすゝめ』の読者が「蒙《バカ》」であるのは言うまでもありませんが、『学問のすゝめ』を読もうとする読者は、少なくとも「蒙《バカ》のままじゃだめだな」と思っています。しかし、明治の日本にはそれとは違う「蒙《バカ》」がいくらでもいるのです。

どういう人かと言えば、『学問のすゝめ』を読もうとはしない人や、ちょっと読んで

「なにを言ってやがるんだ!」と怒る人達で、今のはやり言葉で言えば、「反知性主義」の人達です。

「時代は変わったかもしれないが、私は変わらない。変わる必要がない」と思っている人達は、いくらでもいます。そういう人達がとても多くいるのがなぜかと言えば、人のメンタリティというものが、そう簡単に変われないからです。

ある日突然、ピストルの合図でランナー達が一斉に飛び出すようにして、「もう新しい時代だから考え方を変えよう――そう思って私は変えた」と言う人は、上っ面を変えただけの人です。だから明治になると、古いメンタリティを引きずったまま「私は近代人だ」と言ってしまう人がいくらでも出て来ます。あまりそのようには言われませんが、明治という時代には国家が強くなって、国民に「従え」を連発してそれがたやすく受け入れられてしまった結果、江戸時代よりも封建道徳が強まってしまったという一面もあるのです。

そういう「まんまの反知性主義」の人達は福沢諭吉を嫌いますが、その前に福沢諭吉の方が嫌っています。『学問のすゝめ』には、そういう人間達を刺激するようなことがいっぱい書いてあって、それに反応して怒った人達への反論も書かれています。

争いごとの嫌いな福沢諭吉は、それ以上にバカが嫌いですから反論はしますが、そんなことよりも福沢諭吉にとって重要なのは、「そんなバカが当たり前に存在している時代の歪《いびつ》さ、古さ」です。だから『学問のすゝめ』には、「『学問のすゝめ』が必要である、明治という今の時代の状況分析」が延々と書き続けられていて、残念ながらその状況分析がその後になってもまだ通用してしまうところがあるから、『学問のすゝめ』はその後も読まれてしまうのです。

福沢諭吉が書く「状況分析」は、まともな頭で考えれば「なるほど、そうですね」という種類のものですが、しかし福沢諭吉の書くことをそのまま鵜呑《うの》みにしてもいいのかどうかという話もあります。なにしろ福沢諭吉は、平気で《今、日本国中にて明治の年号を奉ずる者は、今の政府の法に従うべしと条約を結びたる人民なり。》と言ってしまう人だからです。

何度も言いますが、政府の方からそんな《条約》が持ち出されたこともなく、国民の方は《政府》とどんな約束もしていません。《今の政府の法に従うべし》という《条約》を知らない間に国民が結ばされてしまっていたのなら、それは独裁国家の国民のあり方です。そして、実際にどうお考えかは知りませんが、福沢諭吉が『学問のすゝめ』を書いていた時代の日本は、維新政府による独裁国家だったのです。

独裁国家というのは、「国民を虐待する国家」ではありません。国民に政治への口出しをさせないのが、独裁国家です。

明治維新政府というのは、徳川幕府を倒すことに功績のあった人間達の作った政府で、彼等はそれまでほとんどなんの意味もないような存在だった「天皇」をかつぎ出し、天皇に承認されるような形で「政府」を始めました。その時代の変化は、国民にとって「へー、そういうことなの?」という程度のものです。

国民にとって、とりあえず「時代の変動」は関係のないもので、だからこそ新しく出来上がった「政府」だって、当座は関係のないものです。だから、「議会を作れ、俺達も政治に参加させろ」という声なんかは上がって来ません。それも当然だというのは、当時の国民がそんな「方法」のあることを知らないからです。

徳川幕府の時代と明治政府になってからとでどう違うのかということは、普通の国民にはよく分かりません。明治になって新しい西洋風の建物が出来たことは大きな違いですが、「目に見える違い」以外のことはよく分かりません。だから福沢諭吉は、《**然《しか》るに幕府のとき、政府のことを御上様と唱え**》として、旧幕時代の悪口を『学問のすゝめ』の中に強調して書くのです。

福沢諭吉は《**幕府の門閥圧制**》が《**極々嫌い**》の人だから、旧幕時代の悪口を言ってもかまわないと思っていて、いくらでも平気で言いますが、「天皇」という、当時の人間達にはあまり馴染みのない存在——江戸時代まで天皇は京都でひっそり暮していたので一般の認知度は低かったのです——によって認知されただけの、「徳川幕府を倒した仲間」だけで作られている独裁政権でもある明治政府が、福沢諭吉の徳川幕府への悪口によって「文句のない、いい政府」だと誤解させてしまう可能性は多分にあります。

自由民権運動に対する独特な、不思議とも言えるような関わり方からして、福沢諭吉は「政権交代」というようなことに関心はなかったのだろうと思います。

徳川幕府から明治維新政府への大転換は、政権交代でもありますし、徳川軍事独裁政権は明治になって民政に移行したわけですが、福沢諭吉の基本スタンスは、「政府は政府で国民とは別」なんですね。福沢諭吉はそれを前提としていて、自分から政治を動かそうとは考えない。だから彼は「政治に関わろうとはしない人」なのですが、だからと言って彼は「政治に関心がない人」ではありません。

表立っては言わなくても、彼はちゃんと明治政府のあり方を監視しています。だから、政府とつながる《**学者**》を罵倒して、やっぱり政府のあり方を変えはしなくとも、少なくとも補正くらいはされてしかるべきと考えています。それだから『学問のすゝめ』の二編の最後は、**《政府と相対し同位同等の地位に登らざるべからず。》**と結ぶのです。**《登らざるべからず》**は、「登らないなんてどうかしてるぜ」です。悪い言い方をしてしまえば、福沢諭吉の態度は、「俺はどうともしないけど、君らはなんとかしなさいね」なのです。

そのために「なんだかんだ言ったって、世の中には昔のまんまの考え方をしてるバカが多いよ」と状況分析をしています。つまり、「こういう社会を君達はなんとかしてね」で「君達がなんとかしなきゃいけないのは、こういう社会だよ」です。

ここは私の推測ですが、福沢諭吉の政治に対するクールな無関心の裏には、「そんなこと言ったって、政治や政府はそう簡単に変わらないだろう」という認識があるからのように思われます。

仮に福沢諭吉が政治の方面に乗り出したとしたって、うまく行くはずはありません。現に『学問のすゝめ』を完結させた三年後、福沢諭吉は東京府会議員になってその副議長に選ばれますが、これを辞退して、ついでに議員の方もすぐ辞めてしまいます。たぶん「バカばっかり」がいやだったんでしょう。

「今の世の中はバカばっかりでどうにもならない」ということが分かったら、「政界に進出して社会を変えてやろう」ということが無意味だということは分かります。進出しなくても、なんとなくは分かります。「政界進出で世を変えてやろう、変えられる」と考えるのは「青雲の志を持った書生」レベルの話です。そんなことよりも重要で、一番必要なのは、なんにも分からないで平気で《乱世》に巻き込まれてしまうようなバカをなくすことです。急がば回れではありませんが、「誰もが手探り」であるような時代に一番重要なことは、なにも分からないまま流されてしまうだけのバカをなくすことで、「啓蒙」とはそういうことなのです。

『学問のすゝめ』を書く福沢諭吉は、「騒ぐな、政府に従え」と言って、でも「政府に負けるな、頭がよくなれ」と、高い所から言う人です。その点で「上から目線のエラソーな奴」でもありますが、あなたが《書生》でなかったらお分かりになるでしょう。人に「こうしたらいいよ、これじゃだめだよ」と教えてくれる人が、バカの群れに巻き込まれて言うことがグチャグチャになってしまったら、バカは減らずに困ったことになるだけです。

その点で、人から「エラソー」と言われてしまう啓蒙は、「エラソー」と言われる分だけしんどいものなのです。

最終回　現在進行形としての『学問のすゝめ』

後は各自で読んで下さい。でもその前に

最終回になります。全十七編ある『学問のすゝめ』の半分にまで行かないところで終わってしまうのは何事だと思われるかもしれませんが、私にはそもそも『学問のすゝめ』全編の評釈をしようという気はありません。

前回言ったように、『学問のすゝめ』は、「ここにあなたの学ぶべき《学問》がダイジェストしてありますから、この本を読めばあなたの《学問》はもうOKです」という本ではありません。「〝勉強の必要〟を説いて、読者に〝自分で勉強しなさい〟と言っている本が『学問のすゝめ』なので、私の仕事はここで終わりです。後は自分で読んで下さい」――こう言って終わるのが、『学問のすゝめ』にはふさわしい終わり方だと思います。

しかし、「後は自分で読んで下さい」などと言うと、そこには「むずかしい本ではありませんから」という前提がくっついているような気がします。確かに、『学問のすゝめ』は当時一般の本に比べて圧倒的に分かりやすい文体で書かれていますが、明治五年に刊行された『学問のすゝめ』は、今から百四十年以上前に書かれた、れっきとした「古典」です。昔は「圧倒的に分かりやすかった」としても、今の目で読んで、「あ、簡単だ、分か

りやすい」と言えるものではありません。だから私は、「——ということはこういうこと、ですね」と註釈めいたものを入れていたわけですが、最後は「なぜ『学問のすゝめ』は分かりやすいか」ではなくて、「なぜ『学問のすゝめ』は分かりにくいか」というところから始めなければなりません。

『学問のすゝめ』は、ところどころで「なにを言っているのか、なにを言いたいのかよく分からない」になってしまっていることがあります。なんでそうなってしまうのかと言えば、それはまず第一に、福沢諭吉があまりゆっくり説明をしてくれないからです。

　既に言ったところですが、初編で「学ぶべき学問とはこういうものだ」と紹介した後で、福沢諭吉は**《右は人間普通の実学にて、人たる者は貴賤上下の区別なく皆悉《ことごと》くたしなむべき心得なれば、この心得ありて後に士農工商各々その分を尽し銘々の家業を営み、身も独立し家も独立し天下国家も独立すべきなり。》**と続けます。**《天は人の上に人を造らず——》**で始まったものですから、これはまァ、分かります。最後の方になって**《身も独立し家も独立し》**で、**《独立》**がやたらに続き始めると、「うん!? なんのことだ?」という気にもなりますが、「これはその内に説明してもらえるんだろう」と勝手に思います。しかし、**《天下国家も独立すべきなり。》**で改行してしまうと、もう話は飛んで、**《学問をす**

るには分限《ぶんげん》を知ること肝要なり。》で、《**独立**》に関する話とは違う《**自由**》という方面の話になります。だから、話がどう続いているのかが分からなくなるのです。

せめて「そして」とか「しかし」とか「だから」というような、続き方を示す言葉を《**学問をするには分限を知ること肝要なり。**》の前につけてくれれば、話の方向性も分かるのですが、福沢諭吉はそれをしません。初編は、いろいろな話がギューギュー詰めになって、《**独立**》に関する話はどっかに行ってしまって、だからその話は三編になって、《**一身独立して一国独立する事**》と題されて、改めて繰り返されます。さっさと早口で説明する福沢諭吉は、「いいですね？ 分かりますか？」というような立ち止まり方をしてくれないのです——という風に、我々はうっかりすると思ってしまいます。

しかし、それはもちろん私達の間違いで、早口なのは福沢諭吉ではなくて、我々の方なのです。

我々は「分かりやすい文章」を読むのに慣れています。だから、ちょっとでも分かりにくかったりすると、「なんだ、こんなもん！」と思って投げ出したりもします。「自分にはなんでも分かって当然だ」と思っている程度に「蒙」だからです。しかし、すべての文章が分かりやすいわけではありません。いろんな人達が近代になって「文章を分かりやすく書く」ということをして、「分かりやすい文章」が登場します。そして『学問のすゝめ』は、「分かりやすい文章を書こうとして書かれた文章」の元祖的作品なのです。

福沢諭吉は、当時の人にとって分かりにくい――そのように考えるのに慣れていないことを書こうとしました。分かりにくいことを多くの人に分かってほしいから、せめて文章だけは分かりやすいように書いたのです。だから、この当時の読み手はスラスラなんか読みません。考え考え読みます。少し読んでは「なるほど」と思い、また読んでは「そうか」と思います。あるいは、「え？　なんのことだ？」と考えながら。読者が受け入れるように、理解出来るように、考えられるように書かれたのが、『学問のすゝめ』の文章です。だから昔の人は、これをゆっくり読みました。「本を読む」ということ自体が、昔は「さっさと読む」ではなくて「考え考え、理解しながら読む」だったので、福沢諭吉もその「読み手のスピード」に合わせて書いたのです。

ゆっくり考えながら読むようなものを「さっさと読む」のスピードで読んだら、なんだか分からなくなります。**《右は人間普通の実学にて》**という文章を読み始めて、それが**《身も独立し家も独立し天下国家も独立すべきなり。》**で終わったら、「うーん、そういうことなのか」と思って、その理解が身に沁《し》みるまで、考えていなきゃいけません。ロクに考えないで次の段落に進み、《学問をするには分限を知ること肝要なり。》という文章に出会って、「なんだこりゃ? どう続くんだ?」などと考えてはいけないということですね。「ここで文章が切れているから、続いているように見えても、一応〝それはそれとして〟と考えなければいけないのだな」というのが古典です。明治五年の『学問のすゝめ』も、まだそういう点で「古典」なのです。「古典である」ということを考えてゆっくり読まなければ、『学問のすゝめ』は読めません。読んでも「なにが書いてあるのかよく分からない」になります。

古典であることを意識して読むということ

『学問のすゝめ』は古典です。だから《分限《ぶんげん》》というような、今ではあまり使われない言葉がいくらでも出て来ます。そうなったらすいませんが、辞書を引いていただきます(と言って、私にはあやまる筋合いはないのですが)。分からない言葉の意味を知って、それを元の文章に充てはめて、文章の意味を理解する――それが古典の読み方ですから、そうしていただくしかありません。しかし、そうではあっても、『学問のすゝめ』には辞書を引いても出て来ない言葉だって登場します。

たとえば、二編には**《権理《けんり》通義《つうぎ》》**という言葉が出て来ます。人の**《同等》**を説くところに登場して、**《その同等とは有様の等しきを言うに非《あら》ず、権理通義の等しきを言うなり。》**という形で登場します。しかし、**《権理通義》**のおかげで、この文章がなにを言っているのかは分かりません。**《権理通義》**は四文字で一語ですが、実は四字熟語ではありません。意味を探そうとして辞書を引いても、この言葉が載っている辞書はそうそうないでしょう。この語の分かりにくさを福沢諭吉も理解したのか、三編では**《権理通義》**の中の二文字を略して、**《権義》**とし、**《凡《およ》そ人とさえ名あれば、富めるも貧しきも、強きも弱きも、人民も政府も、その権義において異なるなし》**という風に使っています。

《権理通義》あるいは**《権義》**という言葉はなんなのか？　福沢諭吉は三編でこう続けています——**《二編にある権理通義の四字を略して、ここにはただ権義と記したり。いずれも英語の「ライト」という字に当る。》**

つまりこれは「right」の「権利」なんですね。まだ「権利」という考え方がないから、その言葉もない。しかし英語にはその考え方があるから、「right」をどう言えばその意味が分かるかと考えて**《権理通義》**というコテコテの言葉にして説明したんですね。**《権理通義》**というのは、「力（権）に関する正しい理屈（理）は広く知られている（通義）」で、そうまで言わないと「権利」ということが正しく説明出来ないと思ったんでしょうね。今じゃ「権利」なんて言葉は子供だって使っていますが、「慣れてしまえばなんとなく分かってしまう抽象概念」というものもあって、それを初めに「どうやって分からせたらいいだろう?」ということになると、「ああでもない、こうでもない」という大変な作業が必要になってしまうのです。

『学問のすゝめ』は、明らかに「古典」です。でも、その文体のせいもあってか、あまり「古典」とは思われず、うっかりすると「今でもまだ十分に通用する思想書」のように思われて、抜群の知名度を保っています。今の時代にどれくらい読まれているのかは知りませんが。

『学問のすゝめ』が今でも十分に通用する中身を持っていることを私だって否定しませんが、私の思う「今でもまだ『学問のすゝめ』が通用する理由」は、普通に考えられるものとはちょっと違うかもしれません。私が思う『学問のすゝめ』がまだ通用する理由は、「それがまだなにもない近代の初めに書かれた、現在進行形の本だから」です。

まだ全然「近代」になっていない明治という時代

何度でも言うことですが、『学問のすゝめ』の初編が刊行された明治五年は、前年に廃藩置県が行われて、やっと「江戸時代のシステム」が停止したばかりの時期です。明治維新政府というものが存在しても、まだ「近代」を作り出す要素はほとんどありません。だから、初編の翌年に「権利《ライト》」というものを説こうとして、その言葉が存在しないから、福沢諭吉は《**権理通義**》というむずかしい単語を使うしかないのです。

「近代を構成するものがない」というのは、『学問のすゝめ』全十七編が完結した後でも同じです。『学問のすゝめ』完結の翌年に西南戦争が起こり、植木枝盛《うえきえもり》の『民権自由論』やルソーの『民約論』の翻訳も出版されて、本格的な「自由民権運動の時代」もやって来ます。福沢諭吉の自由民権運動に関する態度は前回に触れましたが、『学問のすゝめ』の中に、「議会を開け、国民よ政治に参加しろ」という話は出て来ません。福沢諭吉が『学問のすゝめ』の中で繰り返し言うのは、そういうことではなくて、「政府を信じてよき国民になれ、よき国民であれ」です。

西郷隆盛が挙兵して敗れた西南戦争は、言ってしまえば明治維新政府内部の仲間割れで、実は自由民権運動もその始まりを言えば、明治維新政府の仲間割れです。政府の主流派に追われた反主流派が「俺達も政治に参加させろ！　参加出来るように議会を開け！」というところから始まるのが、自由民権運動です。自由民権運動は「政治参加を求める民衆達の運動」と思われたりもしますが、その初めは政府内部の仲間割れで、「下から起こったもの」ではなくて、「上から起こったもの」なのです。

《**官**》とは一線を画して「私は《**私立**》だ」という態度を貫いた福沢諭吉が、自由民権運動とは距離を置いたところにいたというのは、この当時的な背景を考えれば納得出来るようなものです。

《**官**》から距離を置く福沢諭吉は、当然、政府の主流派ではありませんが、距離を置いている以上、反主流派でもありません。福沢諭吉が、自由民権運動が激しくなって来た時に、反自由民権の政府主流派に接近してしまったのは、前回に言った通り、主流とか反主流や「自由民権運動の是非」とは関係なくて、彼がただ「争いごとが嫌い」だったからです。

だから、「政府を信じてよき国民であれ」と言う福沢諭吉を、左翼系の人は「えらそうな上から目線の体制派」のように思ったりもしてしまうのですが、しかし、福沢諭吉の頭の中は、自由民権運動なんかよりずっと本質的で、大胆にもアナーキーです。どうしてかと言えば、「よき国民であれ」と言う『学問のすゝめ』の福沢諭吉は、現実に存在する明治維新政府のことをまったく問題にしていないからです。

『学問のすゝめ』の中で福沢諭吉の言う**《政府》**——二編で言う**《政府は人民の名代《みょうだい》となりて法を施し、人民は必ずこの法を守るべしと、固く約束したるものなり。》**の**《政府》**は、「現実に存在しない政府」です。「でも、その後で、福沢諭吉は**《譬《たと》えば今、日本国中にて明治の年号を奉ずる者は、今の政府の法に従うべしと条約を結びたる人民なり。》**と言っているじゃないですか」と言いたい方もおいでかもしれませんが、よく読んで下さい。**《譬えば》**というのは、「たとえて言えば」です。

これは「あなたには〝政府と人民の関係〟とか〝約束〟ということがよく分からないかもしれませんが、それはたとえて言えば、あなたが〝自分は明治の世に生きている〟と思うなら、〝明治〟という年号は今の政府が決めたものだから、あなたは今の政府の決めたこと（法）に〝従う〟と約束したのと同じなのです」ということです。

「譬えば」というのは、「比喩を使って説明すれば」で、これが「例えば」なら「実際の例を一つ挙げて説明すれば」で、意味が違います。二編の**《譬えば今、——》**の文章の後に、**《故《ゆえ》に一たび国法と定まりたることは、仮令《たと》い或いは人民一個のために不便利あるも、その改革まではこれを動かすを得ず。》**という文章は続きますが、この**《仮令い》**は「もしも」とか「仮に」という意味です。今では「譬えば」と「例えば」や「仮令え」が混同して使われていますが、福沢諭吉は昔の人ですから、文字の使い方が厳密です。

「文字の使い方が厳密なのはいいが、なんだって福沢諭吉はそんなややこしい言い方で〝政府と人民の関係〟を言うのか？」といったら、明治五年や六年の普通の日本人に「政府と人民の関係」なんかはよく分からないし、**《今の政府》**以外に**《政府》**というものがあって、それが「政府というものは――」という形で論じられるということにも慣れていないから、「たとえば、あなたと今の政府との関係」という譬え話を使ったのです。今の我々は**《政府》**というものがどんなものなのか分かって、「政府というものは――」という形で議論されるということにも慣れているので、明治六年の福沢諭吉の**《譬えば》**が、逆に分かりにくいものと響いて、「福沢諭吉の言う**《政府》**は明治維新政府のことなんだ」と勘違いしてしまうのです。

だから、『学問のすゝめ』で**《政府》**の語を使い、「政府の法に従うべきだ」と言っている福沢諭吉の頭の中に、「明治維新政府」というものは存在しません。現実に存在する明治維新政府のことを問題にしない福沢諭吉は、だからこそ『学問のすゝめ』の中に政府攻撃の文章を存在させません。福沢諭吉の批判や攻撃は、政府に対してではなく、四編の**《学者の職分を論ず》**で明らかなように、政府や**《官》**につながっている**《学者》**へと向けられるのです。

もしかしたら、福沢諭吉は明治政府の人間達をバカだと思っていたのかもしれません。「かもしれない」ではなくて、「思っていた」と断言してもいいかもしれません。なにしろ明治維新政府を作っていたのは、『福翁自伝』の中で**《幕府よりなお一層甚しい攘夷論で、こんな乱暴者を助ける気は固《もと》よりない。》**と言われていた人達ですから（そういう福沢諭吉が今の大河ドラマの幕末物を見たら、どんな風に思うでしょうかね）。

福沢諭吉は、維新政府の人間達を「バカ」か、そうじゃなかったら「マトモなことを考えられるかどうか分からない人間達」と考えていて、だからこそ「《学者》がちゃんとしたことを教えてやらなきゃだめじゃないか」と思っていたのでしょう。それがちゃんと出来ていないから、五編の初めで**《世の学者は大概皆腰ぬけにてその気力は不慥《ふたしか》なれども》**と罵倒をしてしまうのでしょう。

政府と人民、その関係性をおさらいする

福沢諭吉は、自分の目の前に存在する明治維新政府を問題にしていません。それはつまり、福沢諭吉が「**《政府》**と呼べるものはまだ存在していない」という前提に立って、**《政**

府》というもののあり方や、《**政府**》と《**人民**》の関係を説いているということです。だから、前回の最後で言ったように、福沢諭吉は「騒ぐな、政府に従え」と言う一方で「政府に負けるな、頭がよくなれ」という、矛盾とも思えるようなことを言うのですが、これは別に矛盾したことではなくて、「未来での話」なのです。

福沢諭吉の言う「騒ぐな、政府に従え」というのは、「やることに反対して騒ぎ立てる必要のない、素直に従える政府を作れ」という、未来に向けての話で、だからこそ「政府に負けるな、頭がよくなれ」という言葉も、矛盾することがなく響くのです。

『学問のすゝめ』七編――《**国民の職分**《しょくぶん》**を論ず**》というところでは、「政府と国民のしかるべきあり方」が説かれています。前にも言いましたが、《**職分**》というのは、「その立場にある人にとっての当然の役割」ということで、「義務」という言葉を知らなくて馴染んでいなかった明治時代の人も、人から押しつけられる感じがする「義務」よりは、もっと「自分のあり方」に引きつけて考えられる、「職分」という言葉を知っていたのですが、福沢諭吉が七編で説く《**国民の職分**》とは、つまり「政府に関する国民の関わり方」で、「政府と国民のしかるべきあり方」です。

まず福沢諭吉は、《凡そ国民たる者は一人の身にして二箇条の勤めあり。》と言います。「国民の一人一人に二つの担うべき役割がある」ということです。《その一の勤めは政府の下に立つ一人の民たるところにてこれを論ず、即《すなわ》ち客の積《つも》りなり。》――これだけだとなんだか分かりにくいですが、もう一つの《勤め》を並べてみると、言わんとすることが分かって来ます。

《その二の勤めは国中の人民申し合せて一国と名づくる会社を結び社の法を立ててこれを施し行うこととなり、即ち主人の積りなり。》です。この《客》と《主人》の立場を一つに合体させると、こういうことになります――。

《譬えばここに百人の町人ありて何とかいう商社を結び、社中相談の上にて社の法を立てこれを施し行うところを見れば、百人の人はその商社の主人なり。既にこの法を定めて、社中の人何《いず》れもこれに従い違背《いはい》せざるところを見れば、百人の人は商社の客なり。故《ゆえ》に一国はなお商社の如《ごと》く、人民はなお社中の人の如く、一人にて主客二様の職を勤むべき者なり。》

例によって福沢諭吉の説明は、「後になってから分かり、そこから前へ戻って〝なるほど〟と思う仕掛け」になっていますが、この後の方の説明によれば、《主人》というのは

「法（規則）を決めるだけで、それに従わなくていい人」になり、**《客》**というのは「自分で規則を決められず、他人が決めた規則に従う人」です。そして「国家」を一つの会社と考えれば、すべての国民は「法に従う客」であると同時に「法を決定する主人」である二つの側面を同時に有しているのだ、ということです。

　福沢諭吉の言う、「騒ぐな、おとなしく政府に従ってよき国民となれ」というのは、**《客》**としての国民のあり方で、だから**《第一　客の身分をもって論ずれば、一国の人民は国法を重んじ人間同等の趣意を忘るべからず。他人の来りて我権義**（権利）**を害するを欲せざれば、我もまた他人の権義を妨ぐべからず。》**というように、「おとなしくしていろ」のやたらのモラルの列挙になります。

　これだけだったら「福沢諭吉は押しつけがましい」になってしまいますが、彼のすごいところは、第二の**《主人の身分をもって論ずれば》**が、この後に続くことです。

法に従う**《客》**ではない、**《主人》**というもう一つの国民の側面から考えれば、**《一国の人民は即ち政府なり。》**です。「また分かりにくいこと言ってるなァ」と思うかもしれませんが、先を読めばよく分かります。

《一国の人民は即ち政府なり。》というのはなぜなのかというと、**《一国中の人民悉皆《しつかい》政《まつりごと》を**

なすべきものに非ざれば、政府なるものを設けてこれに国政を任せ、人民の名代として事務を取扱わしむべしとの約束を定めたればなり。故に人民は家元なり、また主人なり。政府は名代人なり、また支配人なり。》という仕組になっている——そうであるのが正しい本来的なあり方だと、福沢諭吉は言うのです。

法に従わなければならない**《客》**である国民は、同時にまた法を定めることの出来る**《主人》**です。だから、すべての国民は政治に参加して政治をすることが出来る。しかしだからと言って、すべての国民が自分の仕事を投げ出してワイワイガヤガヤと政治なんかをやっていられるわけでもない。それで国民は、**《政府》**というものを作ってこれに国政を任せ、「国政の事務を取り扱わせてやる」という契約を結んだのです。「新しく出来た**《政府》**というものが、以前にあった〝幕府〟とどう違うのか」ということがここであっさりと説明されて、「国民は政府というものに国政を任せているのだから、国民は政府なるものの主人であり、家元だ」と言い、「そうであるから政府は、国民の代理人で番頭だ」と続きます。**《名代人》**は「代理人」で、**《支配人》**というとなんだかえらそうに響きますが、「主人に代わって実務をこなす」という点で「番頭さん」です。

福沢諭吉が自由民権運動に深入りしなかった理由は、ここにあるのではないでしょうか。

福沢諭吉は、自由民権運動なんかが起こる以前に、徳川幕府に代わって登場してしまった**《政府》**というものが、どういう形で存在すべきかを言っているのです。

「幕府と違って、**《政府》**というものは人民を支配するものではない」ということを、『学問のすゝめ』の中で「政府と人民との約束」という形で説いておいた上で、**《一国中の人民悉皆政をなすべきものに非ざれば、政府なるものを設けてこれに国政を任せ》**と言うのです。

これは、間接民主主義のあり方ではなくて、間接民主主義の原理です。「政府なるものに国政を任せるため、国民は代表を選挙で選び出す」というのが間接民主主義のあり方ですが、福沢諭吉はそんなことを言いません。いきなり間接民主主義を実現させようとして、「議会を作れ！　国政選挙をしろ！」と言ったって、「間接民主主義」という理屈が分かっていなければなんにもならないからです。

《政府》というものが登場してから、まだ数年しかたっていないのです。「幕府と政府はどう違うのか」ということが分かっていなければ、**《政府》**だって、幕府と同じような「ただ国民が従うだけのもの」になってしまうでしょう。

もちろん、福沢諭吉は、目の前にある明治維新政府が、「政府本来のあり方に合致した政府」ではないことを知っています。それを知った上で、「政府というものはそもそもこういうもので、これに対する国民のあり方もこういうもの」という説明をしてしまうことは、「ここに存在している政府は政府なんかじゃない。政府はまだ存在していない」と福沢諭吉が言っているのに等しいのです。

もちろん、彼がこんなことを言っているのがバレたら、逮捕されてしまいます。

福沢諭吉が**《学者の職分を論ず》**を書いた『学問のすゝめ』の四編が刊行された翌年である明治八年、明治政府は讒謗律《ざんぼうりつ》と新聞紙条例という二つの法律を出して来ます。讒は「人の悪口を言って傷つけること」、謗もまた「悪口を言うこと」です。明治政府は「悪口を言ってはいけない」という法律を出したのですが、誰の悪口を言ってはいけないのかというと、「明治政府の悪口」です。新聞紙条例も同じで、明治八年になって明治政府は明白な言論統制を始めたのです。

第七編の**《国民の職分を論ず》**が書かれたのは、**《学者の職分を論ず》**の二カ月後で、やはり讒謗律が出される前年のことです。そもそも福沢諭吉は政府の悪口なんかを言わない人ですが、でも政府を攻撃する代わりに「今の政府は政府じゃない」ということを、公然と言ってしまっているのです。そういう「バレない悪口」が隠れているから、『学問のすゝめ』は微妙なところで分かりにくいのです。

福沢諭吉は、「政府はまだ存在していない」という前提で『学問のすゝめ』を書いています。ということは、「明治の近代」になってから書かれた『学問のすゝめ』は、「まだ近代じゃない。近代である要素なんかまだなにもない」と言っているのに等しいのです。『学問のすゝめ』を読んで、そこにドキッとするような意味を発見したなら、その時『学問のすゝめ』を読む人は、『学問のすゝめ』の向こうに、「まだ近代になっていない現在」を発見してしまうのです。いくら科学が発達したって、技術が進歩して高層ビルが立ち並んだって、人の頭の中は「相変わらず」かもしれません。だからこそ『学問のすゝめ』は、それを読む人の前に、「もう近代だと思ってるかもしれないけど、まだ近代じゃないかもしれない。そう考えて作ろうとしないと、近代はやって来ないんだよ」という、現在進行形の姿を現すのです。

そして今、『学問のすゝめ』のあの一文が立ちはだかるということは

前に「第二次世界大戦で日本が敗れた後にも『学問のすゝめ』は読まれた」ということを言いました。『学問のすゝめ』の二編で、福沢諭吉が「バカは地獄へ落ちろ」とでもいう

ような激しい口調でバカを罵り始める前に、こういう文章があります――**《されば一国の暴政は、必ずしも暴君暴吏《ぼうり》の所為《しょい》のみに非ず、その実は人民の無智をもって自《みず》ら招く禍《わざわい》なり。》**

この短い文章を、戦争で焼け野原になった土地に立って、少し前まで「文句を言わずに戦争へ行け！　行ってお国のために死んで来い！」と言われていた人達は、どんな思いで読んだでしょう？　「こないだまであった明治以来の〝近代〟なんて、全然〝近代〟じゃなかったじゃないか」と思って、「もう一度やり直しだ」と思ったんじゃないでしょうか？

「政府」と「幕府」の違いさえろくに知らなかった明治の最初の頃の人達は、「自分達もまた政府を構成する一員であるはずだ」ということを知りませんでした。「政府に対して、国民はどのように要求をすればいいのか」ということも知りませんでした。そのことを福沢諭吉は、七編の**《政府は名代人なり、また支配人なり。》**の後に続けて書いています。「政府の人間はどのようなあり方をすればいいのか」ということで、**《国民の職分》**ならぬ「政府の職分」です。

《政府》をやっている人間達は、多くの国民に代わる「代理人」なのですから、**《譬えば**

商社百人の内より撰ばれたる十人の支配人は政府にて、残り九十人の社中は人民なるが如し。》です。この《**人民**》である《**九十人の社中**》は《**自分にて事務を取扱うことなしと雖**《いえ》**ども、己**《おの》**が代人**《だいにん》**として十人の者へ事を任せたるゆえ、己の身分を尋ぬればこれを商社の主人と言わざるを得ず。**》です。つまり、福沢諭吉は「国の主権は人民にある」と言っているのです。

だから、《**主人**》である《**人民**》は、正しくモラルに従って正しく生きなければならないのですが、そうなると《**政府**》をやっている人間はどういうことになるのか？「《**政府**》をやっている人間」だって、《**人民**》の一人なんですからね。それで福沢諭吉は、こう言います――。

《**また彼**《か》**の十人の支配人は現在の事を取扱うと雖ども、もと社中（人民）の頼みを受けその意に従って事をなすべしと約束したる者なれば、その実は私**《わたくし》**に非ず商社の公務を勤むる者なり。**》

つまり、「代わりにやってね」と事務を任されてしまうと、いつの間にか「これは俺の仕事だ、口を出すな！」的な威張り方をしてしまうということもあると、福沢諭吉は言っているのですね。右の文章は、「〝これは自分の仕事だ〟と思って勝手にやっているかもしれないけれど、それは〝あんたの仕事〟ではない、〝我々のこと〟をあんたが代理になってやっているだけだ。だから、あんたのしていることは《公務》なのだ」です。

「公務」とか「公用」というものは、徳川幕府の時代には「上から一方的に押しつけられるもの」でした。そのことについては、『学問のすゝめ』の二編でしつこく言っています。でも、近代で《政府》ということになったら、「公務」とか「公用」というのは、「人民に代わってするべきこと」なのです。だから、《公務》という言葉を持ち出した福沢諭吉はこのように続けます――。

《今世間にて政府に関わることを公務と言い公用と言うも、その字の由《よ》って来るところを尋ぬれば、政府の事は役人の私事に非ず、国民の名代となりて一国を支配する公の事務という義なり。》

福沢諭吉にとって、《政府》という主体は存在しません。それは「代理」として仮に存在するもので、主体というのは、政府ではなくて《人民》の側にあるのです。このことを、福沢諭吉は、政府ではなくて、読者である《人民》に向かって言っているのですが、このことに耳を傾けなければいけないのは、もちろん、《人民》ではなくて、政府の方です。

ところが困ったことに、政府の方はいつでも「選挙に勝ったから国民の信任を得た！

もうやりたい放題だ！」の方向に行ってしまいがちです。でも残念ながら、政府は「国民の代理」なのです。それを忘れて「政府の私事」に走ったら、もうおしまいです。もうおしまいだということを、今から百四十年以上も昔に、福沢諭吉は言っているのです。

そう思ってしまったら、『学問のすゝめ』は、相変わらず現在進行形で私達の前にあって、「蒙《バカ》じゃいけねェな」ということを言い続けているのです。

この本の最後に『学問のすゝめ』の初編だけを転載しました。その後の二編以下は、自分で読んで下さい。

学問のすゝめ 初編

福沢諭吉＋木幡篤次郎 同著

天は人の上に人を造らず人の下に人を造らずと言えり。されば天より人を生ずるには、万人は万人皆同じ位にして、生れながら貴賤《きせん》上下の差別なく、万物の霊たる身と心との働きをもって天地の間にあるよろずの物を資《と》り、もって衣食住の用を達し、自由自在、互いに人の妨げをなさずして各〻安楽にこの世を渡らしめ給うの趣意なり。されども今広くこの人間世界を見渡すに、かしこき人あり、おろかなる人あり、貧しきもあり、富めるもあり、貴人もあり、下人《げにん》もありて、その有様雲と泥との相違あるに似たるは何ぞや。その次第甚だ明らかなり。実語教に、人学ばざれば智なし、智なき者は愚人なりとあり。されば賢人と愚人との別は、学ぶと学ばざるとに由《よ》って出来《いでく》るものなり。また世の中にむつかしき仕事もあり、やすき仕事もあり。そのむつかしき仕事をする者を身分重き人と名づけ、やすき仕事をする者を身分軽き人という。すべて心を用い心配する仕事はむつかしくして、手足を用いる力役《りきえき》はやすし。故に、医者、学者、政府の役人、または大なる商売をする町人、夥多《あまた》の奉公人を召使う大百姓などは、身分重くして貴き者というべし。身分重くして貴ければ自《おの》ずからその家も富んで、下々《しもじも》の者より見れば及ぶべからざるようなれども、その本《もと》を尋ぬればただその人に学問の力あるとなきとに由《よ》ってその相違も出来《いでき》たるのみにて、天より定めたる約束にあらず。諺《ことわざ》に云《いわ》く、天は富貴を人に与えずしてこれをその人の働きに与うるものなりと。されば前《ぜん》にも言える通り、人は生れながらにして貴賤貧富の別なし。ただ学問を勤めて物事をよく知る者は貴人となり富人となり、無学なる者は貧人となり下人となるなり。

学問とは、ただむつかしき字を知り、解し難き古文を読み、和歌を楽しみ、詩を作るなど、世上に実《じつ》のなき文学を言うにあらず。これらの文学も自《おの》ずから人の心を悦《よろこ》ばしめ随分調法なるものなれども、古来世間の儒者和学者などの申すよう、さまであがめ貴むべきものにあらず。古来漢学者に世帯持の上手《じょうず》なる者も少なく、和歌をよくして商売に巧者なる町人も稀《まれ》なり。これがため心ある町人百姓は、その子の学問に出精《しゅっしょう》するを見て、やがて身《しん》代《だい》を持ち崩すならんとて親心に心配する者あり。無理ならぬことなり。畢竟《ひっきょう》その学問の実に遠くして日用の間に合わぬ証拠なり。されば今かかる実なき学問は先《ま》ず次にし、専ら勤むべきは人間普通日用に近き実学なり。譬《たと》えば、いろは四十七文字を習い、手紙の文言《もんごん》、帳合《ちょうあい》の仕方、算盤《そろばん》の稽古、天秤《てんびん》の取扱い等を心得、なおまた進んで学ぶべき箇条は甚だ多し。地理学とは日本国中は勿論《もちろん》世界万国の風土道案内なり。究理学とは天地万物の性質を見てその働きを知る学問なり。歴史とは年代記のくわしきものにて万国古今の有様を詮索《せんさく》する書物なり。経済学とは一身一家の世帯より天下の世帯を説きたるものなり。修身学とは身の行いを修め人に交わりこの世を渡るべき天然の道理を述べたるものなり。これらの学問をするに、いずれも西洋の翻訳書を取調べ、大抵の事は日本の仮名にて用を便じ、或いは年少にして文才ある者へは横文字をも読ませ、一科一学も実事を押え、その事に就《つ》きその物に従い、近く物事の道理を求めて今日の用を達すべきなり。右は人間普通の実学にて、人たる者は貴賤上下の区別なく皆 悉《ことごと》くたしなむべき心得なれば、この心得ありて後に士農工商各〻その分を尽し銘々の家業を営み、身も独立し家も独立し天下国家も独立すべきなり。

　学問をするには分限を知ること肝要なり。人の天然生れ附《つき》は、繋《つな》がれず縛られず、一人前の男は男、一人前の女は女にて、自由自在なる者なれども、ただ自由自在とのみ唱えて分限を知らざれば我儘放蕩《わがままほうとう》に陥ること多し。即ちその分限とは、天の道理に基づき人の情に従い、他人の妨げをなさずして我一身の自由を達することなり。自由と我儘との界《さかい》は、他人の妨げをなすとなさざるとの間にあり。譬《たと》えば自分の金銀を費やしてなすことなれば、仮令《たと》い酒色に耽《ふけ》り放蕩を尽すも自由自在なるべきに似たれども、決して然《しか》らず、一人の放蕩は諸人の手本となり遂に世間の風俗を乱りて人の教えに妨げをなすがゆえに、その費やすところの金銀はその人のものたりともその罪許すべからず。また自由独立の事は、人の一身に在るのみならず一国の上にもあることなり。我日本はアジヤ洲の東に離れたる一個の島国にて、古来外国と交わりを結ばず独《ひと》り自国の産物のみを衣食して不足と思いしこともなかりしが、嘉永《かえい》年中アメリカ人渡来せしより外国交易の事始まり今日の有様に及びしことにて、開港の後も色々と議論多く、鎖国攘夷《さこくじょうい》などとやかましく言いし者もありしかども、その見るところ甚だ狭く、諺にいう井の底の蛙《かわず》にて、その議論取るに足らず。日本とても西洋諸国とても同じ天地の間にありて、同じ日輪に照らされ、同じ月を眺《なが》め、海を共にし、空気を共にし、情合相同《じょうあい》じき人民なれば、ここに余るものは彼に渡し、彼に余るものは我に取り、互いに相教え互いに相学び、恥ずることもなく誇ることもなく、互いに便利を達し互いにその幸《さち》を祈り、天理人道に従って互いの交わりを結び、理のためにはアフリカの黒奴にも恐れ入り、道のためにはイギリス、アメリカの軍艦をも恐れず、国の恥辱とありては日本国中の人民一人も残らず命を棄てて国の威光を落さざるこそ、一国の自由独立と申すべきなり。然るをシナ人などの如く、我国より外《ほか》に国なき如く、外国の人を見ればひとくちに夷狄《いてき》々々と唱え、四足にてあるく畜類のようにこれを賤《いや》しめこれを嫌い、自国の力をも計らずして妄《みだ》りに外国人を追い払わんとし、却《かえ》ってその夷狄に窘《くるし》めらるるなどの始末は、実に国の分限を知らず、一人の身の上にて言えば天然の自由を達せずして我儘放蕩に陥る者と言うべし。王制一度《ひとたび》新たなりしより以来、我日本の政風大いに改まり、外は万国の公法をもって外国に交わり、内は人民に自由独立の趣旨を示し、既に平民へ苗字《みょうじ》乗馬を許せしが如きは開闢《かいびゃく》以来の一美事、士農工商四民の位を一様にするの基《もとい》ここに定まりたりと言うべきなり。されば今より後は日本国中の人民に、生れながらその身に附《つき》たる位などと申すは先《ま》ずなき姿にて、ただその人の才徳とその居処《きょしょ》とに由《よ》って位もあるものなり。譬《たと》えば政府の官吏を粗略にせざるは当然の事なれども、こはその人の身の貴きにあらず、その人の才徳をもってその役義を勤め、国民のために貴き国法を取扱うがゆえにこれを貴ぶのみ。人の貴きにあらず、国法の貴きなり。旧幕府の時代、東海道に御茶壺の通行せしは、皆人の知るところなり。その外《ほか》御用の鷹《たか》は人よりも貴く、御用の馬には往来の旅人も路を避くる等、すべて御用の二字を附くれば石にても瓦にても恐ろしく貴きもののように見え、世の中の人も数千百年の古《いにしえ》よりこれを嫌いながらまた自然にその仕来《しきたり》に慣れ、上下互いに見苦しき風俗を成せしことなれども、畢竟《ひっきょう》これらは皆法の貴きにもあらず、品物の貴きにもあらず、ただ徒《いたずら》に政府の威光を張り人を畏《おど》して人の自由を妨げんとする卑怯《ひきょう》なる仕方にて、実なき虚威というものなり。今日に至りては最早《もはや》全日本国内にかかる浅ましき制度風俗は絶えてなき筈《はず》なれば、人々安心いたし、かりそめにも政府に対して不平を抱くことあらば、これを包みかくして暗に上《かみ》を怨《うら》むることなく、その路を求めその筋に由《よ》り、静かにこれを訴えて遠慮なく議論すべし。天理人情にさえ叶《かな》う事ならば、一命をも抛《なげう》って争うべきなり。これ即ち一国人民たる者の分限と申すものなり。

前条に言える通り、人の一身も一国も、天の道理に基づきて不羈《ふき》自由なるものなれば、もしこの一国の自由を妨げんとする者あらば世界万国を敵とするも恐るるに足らず、この一身の自由を妨げんとする者あらば政府の官吏も憚《はばか》るに足らず。ましてこのごろは四民同等の基本も立ちしことなれば、何《いず》れも安心いたし、ただ天理に従って存分に事をなすべしとは申しながら、凡《およ》そ人たる者はそれぞれの身分あれば、またその身分に従い相応の才徳なかるべからず。身に才徳を備えんとするには物事の理を知らざるべからず。物事の理を知らんとするには字を学ばざるべからず。これ即ち学問の急務なる訳《わけ》なり。昨今の有様を見るに、農工商の三民はその身分以前に百倍し、やがて士族と肩を並ぶるの勢いに至り、今日にても三民の内に人物あれば政府の上に採用せらるべき道既に開けたることなれば、よくその身分を顧み、我身分を重きものと思い、卑劣の所行あるべからず。凡《およ》そ世の中に無知文盲の民ほど憐れむべくまた悪《にく》むべきものはあらず。智恵なきの極《きわみ》は恥を知らざるに至り、己が無智をもって貧究に陥り飢寒に迫るときは、己が身を罪せずして妄《みだり》に傍《かたわら》の富める人を怨《うら》み、甚だしきは徒党を結び強訴《ごうそ》一揆《いっき》などとて乱妨《らんぼう》に及ぶことあり。恥を知らざるとや言わん、法を恐れずとや言わん。天下の法度《はっと》を頼みてその身の安全を保ちその家の渡世をいたしながら、その頼むところのみを頼みて、己が私欲のためにはまたこれを破る、前後不都合の次第ならずや。或いはたまたま身本慥《みもとたしか》にして相応の身代《しんだい》ある者も、金銭を貯《たくわ》うることを知りて子孫を教うることを知らず。教えざる子孫なればその愚なるもまた怪しむに足らず。遂には遊惰放蕩に流れ、先祖の家督をも一朝の煙となす者少なからず。かかる愚民を支配するには、迚《とて》も道理をもって諭《さと》すべき方便なければ、ただ威をもって畏《おど》すのみ。西洋の諺《ことわざ》に愚民の上に苛《から》き政府ありとはこの事なり。こは政府の苛きにあらず、愚民の自《みずか》ら招く災《わざわい》なり。愚民の上に苛き政府あれば、良民の上には良き政府あるの理なり。故に今、我日本国においてもこの人民ありてこの政治あるなり。仮に人民の徳義今日よりも衰えてなお無学文盲に沈むことあらば、政府の法も今一段厳重になるべく、もしまた人民皆学問に志して物事の理を知り文明の風に赴《おもむ》くことあらば、政府の法もなおまた寛仁大度の場合に及ぶべし。法の苛きと寛《ゆる》やかなるとは、ただ人民の徳不徳に由《よ》って自《おの》ずから加減あるのみ。人誰か苛政《かせい》を好みて良政を悪《にく》む者あらん、誰か本国の富強を祈らざる者あらん、誰か外国の侮《あなどり》を甘んずる者あらん、これ即ち人たる者の常の情なり。今の世に生れ報国の心あらん者は、必ずしも身を苦しめ思いを焦《こが》すほどの心配あるにあらず。ただその大切なる目当《めあて》は、この人情に基づきて先《ま》ず一身の行いを正し、厚く学に志し博く事を知り、銘々の身分に相応すべきほどの智徳を備えて、政府はその政《まつりごと》を施すに易く諸民はその支配を受けて苦しみなきよう、互いにその所を得て共に全国の太平を護らんとするの一事のみ、今余輩の勧むる学問も専らこの一事をもって趣旨とせり。

端書《はしがき》

このたび余輩の故郷中津に学校を開くにつき、学問の趣意を記して旧《ふる》く交わりたる同郷の友人へ示さんがため一冊を綴りしかば、或人これを見て云《いわ》く、この冊子を独《ひと》り中津の人へのみ示さんより、広く世間に布告せばその益もまた広かるべし、との勧めに由《よ》り、乃《すなわ》ち慶応義塾の活字版をもってこれを摺《す》り、同志の一覧に供うるなり。

明治四年未《ひつじ》　十二月

福沢諭吉

小幡篤次郎　記

（明治五年二月出版）

（出典『学問のすゝめ』福沢諭吉、岩波文庫）

※この作品は、二〇一六年六月小社より刊行された
『福沢諭吉の『学問のすゝめ』』を改題したものです。

著者略歴

橋本　治《はしもとおさむ》

東京都生まれ。東京大学文学部国文学科卒業。

小説、評論、戯曲、古典の現代語訳、エッセイ等、多彩に活動。

『桃尻娘』（小説現代新人賞佳作）、『宗教なんかこわくない！』（新潮学芸賞）、『「三島由紀夫」とはなにものだったのか』（小林秀雄賞）、『蝶のゆくえ』（柴田錬三郎賞）、『双調　平家物語』（毎日出版文化賞）、『草薙の剣』（野間文芸賞）、『窯変　源氏物語』『巡礼』『リア家の人々』『ぬえの名前』『青空人生相談所』『橋本治のかけこみ人生相談』等、著書・受賞歴多数。

二〇一九年一月逝去。

幻冬舎新書 552

精読 学問のすゝめ

二〇一九年四月二十五日 第一刷発行

著者 橋本 治
発行人 見城 徹
編集人 志儀保博

発行所 株式会社 幻冬舎
〒一五一-〇〇五一 東京都渋谷区千駄ヶ谷四-九-七
電話 〇三-五四一一-六二一一(編集)
〇三-五四一一-六二二二(営業)
振替 〇〇一二〇-八-七六七六四三

ブックデザイン 鈴木成一デザイン室
印刷・製本所 中央精版印刷株式会社

Printed in Japan ISBN978-4-344-98554-4 C0295
は-16-1

幻冬舎ホームページアドレス http://www.gentosha.co.jp/
*この本に関するご意見・ご感想をメールでお寄せいただく場合は、comment@gentosha.co.jp まで。

幻冬舎新書

古野まほろ

警察用語の基礎知識
事件・組織・隠語がわかる!!

小説、映画、ドラマなど『警察モノ』は絶大な人気を誇る。本書は、元警察官でありキャリア警察官僚であったミステリ作家が、警察用語を平易かつ正確にエッセイ形式で解説。この1冊で警察通に!

副島隆彦

生命保険はヒドい。騙しだ

日本のセイホは欧米に比べ、客の取り分がものすごく小さい。25年間、払った1400万円もほぼパーだ。無知で保険会社のいいようにされてきた恥の経緯を晒した〝実録・私がバカでした〟読本。

五木寛之

人生の目的

人生は思うにままならぬもの。お金も家族も健康も、支えにもなるが苦悩にもなる。ならば何のために生きるのか。時代は変わるがラクではない暮らしが続く今、ひそかに甦る感動の名著。

森博嗣

悲観する力

成功したいなら、悲観せよ!――ポジティブ・シンキングにはなんの意味も価値もない。豊かな社会ゆえの楽観を排し、人間に決定的に不足する「エラーの想定=悲観」の有効な技術を伝授する。

幻冬舎新書

梶谷真司
考えるとはどういうことか
0歳から100歳までの哲学入門

ひとり頭の中だけでモヤモヤしていてもダメ。考えることは、人と問い語り合うことから始まる。その積み重ねが、あなたを世間の常識や不安・恐怖から解放する――生きることそのものとしての哲学入門。

上原隆
君たちはどう生きるかの哲学

いま素朴で実直な問いかけが人々の心に響く。〈個人が失敗し後悔し、そこから意味を見つけて成長することこそが哲学なのだ〉という鶴見俊輔の考え方を補助線に不朽の名著を丁寧に読み進める。

小谷野敦
文豪の女遍歴

夏目漱石、森鷗外、谷崎潤一郎ほか、スター作家62名のさまよえる下半身の記録。姦通罪や世間の猛バッシングに煩悶しつつ、痴愚や欲望丸出しで恋愛し、それを作品にまで昇華させた日本文学の真髄がここに！

森博嗣
孤独の価値

人はなぜ孤独を怖れるか。寂しいからだと言うが、結局つながりを求めすぎ「絆の肥満」ではないのか。本当に寂しさは悪か。――もう寂しくない。孤独を無上の発見と歓びに変える画期的人生論。